社会主义核心价值体系建设
"双百"出版工程

项　目

/100位

新中国成立以来感动中国人物/

吴 仁 宝

何建明/著

★

吉林文史出版社

《100位新中国成立以来感动中国人物》丛书

★★★★★

编 委 会

主　任　　何建明　蒋建农　高　磊

副主任　　孙云晓　徐　潜　张　克　王尔立

编　委　　王久辛　杨大群　黄晓萍　申　剑

　　　　　褚当阳　刘玉民　王小平　相南翔

　　　　　夏冬波　刘忠义　高　飞　陈　方

　　　　　阿勒得尔图　陈富贵

前　言

　　每个人的心中都多少有一点英雄情结，都向往英雄、景仰英雄。也正因此，在中华人民共和国建国六十周年之际，由中央十一部委联合组织开展的"100位为新中国成立作出突出贡献的英雄模范人物和100位新中国成立以来感动中国人物"的评选活动中，群众参与投票总数近一亿。这其中的每一张选票，都表达了人们对英雄模范的崇敬之情，寄托着对伟大祖国的美好祝福。

　　一个民族不能没有英雄，否则这个民族就不会强大。当国家危难之时，懦弱者选择了逃避、妥协甚至投降，英雄们却挺身而出，用热血捍卫民族的尊严，人民的幸福。在创立和建设新中国的伟大历程中，涌现出无数可歌可泣的英雄模范人物。他们之中，有为了民族独立和人民解放而英勇牺牲的革命先烈，有为了党和人民的事业而不懈奋斗的优秀共产党员，有在全民族抗战中顽强奋战、为国捐躯的爱国将士，有英勇杀敌的战斗英雄和革命群众，有积极从事进步活动的著名民主爱国人士和国际友人……他们是民族的脊梁、祖国的骄傲，是激励全体人民团结奋斗的精神力量。

　　《100位新中国成立以来感动中国人物》丛书，就像一部星光璀璨的英雄谱，真实、完整地记录了英雄模范人物不平凡的一生，再现了他们非凡的人格魅力和精神世界。舍身堵枪眼的黄继光，拼命也要拿下大油田的王进喜，中国原子弹之父邓稼先，新时期领导干部的楷模孔繁森……一串串闪光的名字，一个个动人的故事，犹如群星闪烁，光耀中华。

　　当今中国正处于伟大变革的时代，迫切需要涌现出一大批勇于承担历史使命、为祖国和人民奉献一切的先进人物。在"双百"人物崇高精神的引领下，在建设社会主义现代化国家的征程中，必将英雄辈出。

生平简介

吴仁宝，男，汉族，江苏省无锡市人，中共党员。1928年出生，现任江苏省无锡市江阴华西集团公司副董事长兼副总经理，华西村原党委书记。

吴仁宝始终坚定正确的理想信念，牢记发展是硬道理，艰苦创业，开拓创新，带领华西干部群众，坚定不移走共同致富道路。他60年代就冒着风险开始创办乡镇企业。改革开放后，他大力推进农村综合改革，积极推行企业合作制等制度创新，不断调整经济结构，实施农副工综合发展，在华西村建成了江苏最大的村级乡镇企业集团。在发展经济的同时，他注意生态环境建设，注重提高村民精神文明素质，亲自编写"村歌"等，开展"爱党爱国爱华西，爱亲爱友爱自己"的"六爱"教育。他心系华西，心忧天下，帮扶中西部建立"省外华西村"。近年来他又将周边16个经济薄弱村纳入大华西共同发展的版图。他淡泊名利，甘于奉献，不住全村最好房子，不拿全村最高工资，不拿全村最高奖金。组织上给他的1.3亿元奖金，他全部留给了集体。在他的带领下，华西人缔造了"天下第一村"的奇迹，村年经济总产值超过400亿元，上缴利税8亿多元；全村大部分人家都住上了别墅，户户都拥有至少一辆小轿车，人均存款超过百万元。他是中共十七大代表，被授予全国劳动模范等荣誉称号。

1928-

▲ 吴仁宝

目 录 MULU

我们可以称他是伟人的人物（代序）

在当今中国群星璀璨的人河中，有些人一闪而过，很快就被人们淡忘和消失了，即使是那些身居高位的领袖；有些人则永远放射光芒，即使他是一个最普通的农民身份，然而他的存在始终要比那些曾经官位显赫、财富巨暴、名声盖天的人高贵和永恒得多。吴仁宝就是属于后者的人物。

他是一个农民。他是一个农民中最让自己的兄弟姐妹们感受和享受中国共产党恩泽和社会主义制度温暖的人。他是一个追求崇高理想的人，他把一个中国人的梦想普惠到自己那块土地上并让之绽开最美丽花朵和收获最丰硕成果。他在中国这块充满神圣的土地上创造了看似简单其实极其了不起的伟大社会实践和人类进步，因为中国是个农业国家，农民的生存与如何改变他们的命运是中国的头等大事，离开了这一点，中国的任何事情都是空谈和无用的。在若干年的奋进与探索中，即使再伟大的领袖也不曾完全解决这个问题，然而吴仁宝在他的那块土地上却处理和解决得如此完美和富有创造性。

世上只有一个吴仁宝。中国也只有一个吴仁宝。吴仁宝创造的社会主义农村经验与辉煌成就几乎无人与之相比，而且可以预料的事实是：只要吴仁宝存在一天，谁都很难超越他，甚至谁也很难模仿他。他的华西村经验和成就从某种意义上讲，也很难复制，因为任何经济指标可以攀比，任何巨额财富都是有数量顶峰，但人的思想和精神拥有的独特性则无法完全复制和超越，吴仁宝和他的华西村就是这样。然而，吴仁宝又是一个最普通的共产党人都可以学习和模仿的人，因为他是真正的共产党人，在《共产党宣言》中早就指出的每一个共产党他所要奋斗的目标都是为了民众和人类的解放与幸福，吴仁宝所做的任何事情都没有超出一个普通共产党员的基本理想和基本责任；吴仁宝同时又是一个最普通和最基层的干部，他所做的一切都是所有干部应该去做的事，那就是为人民服务、为人民创造幸福；吴仁宝又是一个最崇高和具有菩萨心肠的仁慈者，他内心的那份对人仁慈、对己严厉、对事客观公正的美德，又是中华民族传统文化中最为宝贵的光芒……他在华西村人们都称他为"老书记"，是因为他当了整整半个世纪的村支部和村党委书记，前几年他把"书记"的现职让给了自己的四儿子，虽然他年岁已高，我写此文时的 2012 年月底，他已经是 85 岁高寿（我相信这样德道和思想及品质高尚的人能够活百岁不成任何问题），但"老书记"依然还会工作下去——他自己说，一个干部可以从岗位上下来，但作为一名共产党员，将永远工作，直至生命的最后一刻。

吴仁宝老书记——我也是这样称呼他，作为一个农村支部书记，他或许是中国最年长的干部，同时他又是最杰出的一位村干部。华西村早已是名扬中外的"天下第一村"。几十年来，华西村在吴仁宝的领导下所走过的道路和创造的奇迹，令无数人敬佩、惊叹的同时，也有一些人对他和华西村模式有这样那样的看法。然而凡是去过华西村，见过吴仁宝的人才会有真正的认识和观点，那就是你无论怎么评价吴仁宝和华西村都不会过分，因为吴仁宝的政治智慧和政治经验，无可比拟；吴仁宝的思想和能力，同样无可比拟；特别是吴仁宝在坚持中国特色社会主义方向前提下，实事求是的执政能力和理念，一心为民谋幸福的精神境界，大公无私的品质，内心和外在强大的力量等等方面，非常人可比。我的故乡和我的父亲都在离吴仁宝和华西村都很近的地方，这块土地是我熟悉和亲切的，正是因为这种熟悉和亲切，才使我更加敬佩和热爱吴仁宝老书记和他所做的伟大贡献与伟大实践。八年前，中央有关部门在宣传新农村带头人时让我去写吴仁宝，也正是这一次与华西村和吴仁宝老书记的近距离接触，使我从里到外真正认识了吴仁宝和华西村，从此我的"吴仁宝情结"和"华西村情结"再也无法在心底深处消失——那是一种共产主义信仰的光芒在我面前照耀，那是一个共产党人光辉形象在我面前的屹立，那是一片可以触摸到的现实的"美丽中国"的图画在我面前闪耀，那是党心和人性完整地在我面前体现和闪烁，那是一种精神和灵魂的力量在我面前引领……

我如此敬佩与敬仰吴仁宝，是因为我在探究他在中国最基层、最难解困难、与最底层的民众几十年厮守在一起共同创造美丽而幸福的家园之中，有何其多的曲折与困苦、艰辛与奋争、无奈与非议，甚至还有无数不可思议的诽谤与攻击、嘲讽与暗算，但吴仁宝都坚定地、坦然地面对并"笑傲江湖"，显现出他的共产党人本色。

八年前，我在写他的事迹时，最后用的名字叫"我们可以称他是伟人"。这个题目显然让有些人感到"无法接受"，理由是"吴仁宝又不是什么领袖，怎么可以用'伟人'这样的头衔？"审查的人非常权威，但权威并不一定都是真理的掌握者，我以自己的独立判断和认识抵制了这样的权威，并且没有丝毫的犹豫坚持用了这个标题来作为文章发表。没想到的是中宣部等部门的领导后来看了我的作品，都认为"吴仁宝作为新中国的农民代表，他所做的贡献和实践，就是可以称其为伟人嘛！"瞧，几乎所有真正了解和熟悉吴仁宝的人都与我有同感，那就是：吴仁宝确实是中国农民中"可以称为伟人"的人物！

他是一面旗帜。

他是一个传奇。

他是一种精神。

他代表了那些追求幸福和美满生活的亿万中国农民。

他代表了那些把解放全世界劳苦大众、追求人类共同富裕和创造共产主义美好理想的中国共产党人。

他代表了具有仁爱与高尚精神境界的中华民族传统文化的精髓。

他同样代表了世界上所有对进步、和平和通过劳动实现美好生活的普世价值观。

人民幸福就是社会主义

→ 神奇的吴仁宝

★★★★★

　　有人认为，吴仁宝和他的华西村无法学习。那么他是大错特错了。因为吴仁宝做的事和实现的奋斗目标，其实是条件最差的地方、最小的单位、最劣等人种也是可以做得到的事，只是你是否有吴仁宝那么大公无私、赤诚为民、勇于创新、敢于探索、坚持不懈而已；

　　有人认为华西村的"毛病太多"，那是因为你其实根本就不了解华西村和吴仁宝，因为处在中国这样一个国度、一种制度、一群生根土地之中的中国农民们，你并不知道真正要获得既让"上头高兴，下面满意"，最终实现人民幸福、国家强盛之何等艰辛与曲折，何等奥妙，何等不易！

　　吴仁宝都做到了，而且半个多世纪里

他都做到了，一代又一代正确的和错误的领导者更迭无止，然而他吴仁宝依旧是吴仁宝，他一个人抵敌和顺从各式各样的"领导"、"指示"、"规定"、"经验"、"路线"、"方向"，在其中寻找自己的生存方式，从而获得"组织信任，人民满意"的结果，谈何容易！

吴仁宝做到了。光做到了还不行，吴仁宝是都做到了，而且最后发现：他还都做对了！

这是什么本事？这是什么能力？难道不是天才吗？难道不是伟人吗？

是。又不是。说到底，吴仁宝其实仅仅是一名普通中国共产党人，一名每天不离家乡泥土的农民。

他的所有本事和能力，就只有四个字：实事求是。

他的所有智慧和经验，也只有四个字：创新、坚持。

多年前我写的吴仁宝和华西村与今天已经非常不一样了，因为了解华西村和吴仁宝的人知道：华西村的每一天其实都在变化。85 岁的吴仁宝，其实你每一次见到他的时候也会发现，这位"乡间伟人"虽已是八十有余的老人，但他的思想、他的行为、他的行动，他领导下的华西村，每天都在变化。

华西村只要有吴仁宝在，每天都会有新的奇观、新的东西出现。党的十八大召开之前，我到了华西村，又见吴仁宝老书记，我发现这里又有许多巨变，其中最引人瞩目的就是那座屹立在田野上的摩天大楼。当时我为《人民日报》写了一个"现场实镜"——小标题叫《"空中楼阁"吃自助餐》。

文章内容如下：

前年从新闻上就得知江阴华西村欲在田野里建一座 70 多层高的"世界农村第一楼"。那时社会上有许多说法，甚至连我这样一位熟悉华西村的人都对此事有所怀疑：有人去住吗？"泥腿子"们能进得了这样的摩天大楼？老书记吴仁宝的"不土不洋"是否再次被应验"出生产力"的神话？

"农村第一楼"就在我眼前：十里之外就见其雄伟挺立之躯。走至跟前，只能向上仰望——那高度，在京城也少有此楼，即使在上海外滩亦能称雄群楼；坐电梯，疾驰如飞，好不惬意；立顶端，眺望四周，田庄如画，飞鸟莺莺，恰似云阁仙境……

五星级，坪雕场绿，廊庭宽敞，金碧辉煌。智能楼控，出入只需"一卡通"，方便安全，童翁皆可自行。

华西村曾在吴仁宝的领导下，艰苦奋斗半个世纪，将一个贫困小村建设成"天下第一村"，那拓荒牛一直是"华西精神"的形象。想当年，吴仁宝牵着水牛，带领几百名村民依靠一副铁肩、一副犁头，平整洼地，翻新荒田，创下苏南种粮"领头牛"的称号；改革开放，又是吴仁宝以"亦工亦农"、"以商促农"的"老黄牛"精神，一次次在市场经济的搏斗中赢得成功，使华西率先进入小康。近十年，华西在老书记吴仁宝、新书记吴协恩的接力领导下，"老牛"、"新牛"并驾合力，成为全国"首富村"。

"华西能有今天，一靠党的英明政策，二靠牛的拼搏精神。"吴仁宝 80 岁时，曾深情地对接他班的四儿吴协恩这样说。当时他还对村民许下一个愿：华西村的农民，要不出家门，也能住上世界最高级的宾馆，吃上最丰美的饭菜。于是，盖一座"世界农村第一楼"的想法，便在吴仁宝的脑海中扎下了根。说干就干，1000多天时间，30多个亿投资，高达328米、拥有800多套房间的最现代化智能控制的五星级摩天大楼，在华西那片美丽的田野上拔地而起……如此速度，如此气概，再次体现了吴仁宝和华西人的"牛"劲。身为近邻的我，每当夜景时站在常熟虞山，向华西方向望去，那"天下第一楼"是何等的光芒万丈！何等的风采独傲！

"去看金牛！"国庆日，我陪80岁家母前去参观华西这座名为"龙希国际大酒店"，尚未入楼，母亲便一个劲地挥着手对我说要去看"金牛"。

"真有金牛？"我嘻笑。

"我俚全晓得吴仁宝花了几个亿打买了头金牛！"母亲操着吴语，像在显耀自己家里的宝贝一般，兴致勃勃地将我拉进直升云霄的电梯。

在摩天大厦的顶端，"金牛展厅"里果真一头金光闪闪的纯金铸制的金牛昂首挺立在那儿。

"金牛！这是真的金牛！"母亲抚摸着金光通体的牛儿，眼里泛满惊愕。

"这只金牛，是早些年我们老书记为村上定购的，当时的金价比较低，现在这头金牛按市场

人民幸福就是社会主义

价已经翻了一番……"导游小姐在一旁介绍道。

母亲不无羡慕地窃语:"吴仁宝好精明哟,他坐地又让华西人赚了几个亿!"

摩天大厦里不仅有金牛,更有华西村几十年来珍藏的数百件名家墨宝和书画作品,令人叹为观止。驻足墨宝陈列室的竟然有不少是村上的长者和孩童,他们在一旁或观赏,或提笔挥毫,煞是认真精心。

"大清早,这些老阿姐、小爷叔们干啥事?"母亲见70层的旋转餐厅门口,进进出出的与她年龄相仿的老者,不由好奇地问我。

可不,他们不太像住酒店的宾客呀!可他们为什么都上这儿吃早餐来啦?

我携母亲随人流一起进了那个临地300多米高的旋转餐厅,试探究竟。

哇,如此巨大的旋转餐厅!连我这样走南闯北、周游过世界的人也是第一次见。"可以同时接待800至1000人进餐。"穿着淡绿色工作服、现场向我母子介绍的服务小姐,竟然是清一色的朝鲜姑娘!

华西真的牛!

看着一群群操着我所熟悉的吴语、托盘排队在自助餐菜盆前的老阿娘、老爷叔的身影,我不由问服务小姐:"他们都是些啥人?"

"他们大多是本村村民。"

"本村村民在这五星级宾馆里吃自助餐？"我真的惊叹不已，真是感到不可思议。

　　"是的，他们经常在这儿吃。"美丽的服务员用自豪的口气和表情向我保证。

　　"阿娘，侬经常在这儿吃早餐？"我问一位坐在我身边的老阿娘。

　　"是啊，一个星期总要来两次呀！"老阿娘一边喝着牛奶，一边回答我。

　　"那——你为啥不在家里自己做着吃？"

　　"麻烦。花样也没有这儿多。"老阿娘用筷子指指背后的自助餐台，"这里有几十种花样，我在家里最多烧一锅粥、煮几个蛋，哪比得上这儿！"

　　"你是付现钱还是……"

　　"刷卡！"老阿娘掏出一张卡，在我面前晃了晃，继续埋头她的美味。

　　"他们真是好日子！"我母亲对华西村的老哥老姐们的生活羡慕不已，数发感慨。

　　后来从餐厅经理那儿了解到，华西村的村民大多数每家每户都有千儿八百万存款在村上的集体账户上。摩天大厦盖好后，老书记要求这里的所有吃住全部可以面向村民。于是上旋转餐厅吃自助餐成了村民们尤其是年长的老人们每天的一个习惯：早早起床的他们，晨操和散步结束后，美美地上"空中楼阁"吃顿早餐，再回家抱孙养神……

"老人们多数一周有两次左右在此早餐，他们起得一般都比住酒店的客人早，所以既不影响酒店正常服务，又能为我们营业增加客源流量，里外实惠。"经理掏出了华西人的经商精道和幸福生活的奥秘。

近十年华西村的变化较前几十年又更上几层楼。村党委书记、十八大代表吴协恩将在党代会上向中央和全国人民汇报他们的科学发展新历程、新成果。

这实在仅仅是一个最直接又最简单的华西新变化一景，然而你能从我母亲的一点点观感中实实在在地感受到今日之华西的与众不同处——华西村确实无可比拟！

吴仁宝真的神奇无比。

然而你能否定这样一个事实吗——"华西村的天是共产党的天，华西村的地是社会主义的地，什么是社会主义？人民幸福就是社会主义。"吴仁宝说："华西村坚持共同富裕，没有暴发户，没有贫困户，只有家家户户富。"对吴仁宝来说，共同富裕是他不懈的追求。他说："华西村富了不忘国家，不忘近邻。华西村与周边的一些村合并建成了大华西，这是先富带后富，实现共同富。"有人夸他"三不倒"："难不倒，吓不倒，夸不倒。"他却说："坚持实事求是让我红旗不倒。"

这就是吴仁宝！

△ 华西村大楼

→ 创造奇迹的农民伟人

★ ★ ★ ★ ★

5000 多万元就放在面前，而且明确告诉你：这已经属于你了。你将如何？

如此巨额财富面前，它的诱惑力足以让一个高贵的人丧失高贵，让低贱的人一夜间成为高贵，不是吗？已位居"国家领导人"之一的成克杰，就是在远低于这个数额的面前倒下了，使他高贵的身份，顷刻间变成了人人唾弃、遗臭万年的大贪官。

这样的人还有一批：胡长清、王怀忠、刘方仁、田凤山、李嘉廷、程维高、丛福奎……他们服刑前都是"一人之下，万人之上"的高贵者，然而他们现在都已经沦为党和人民的败类，或被枪决，或为阶下囚。

归结到底，他们不是真正的共产党人，不是人民期待的好官。他们只能与粪土为伍，百姓憎恨这样的人。

而他，完完全全、名正言顺地可以将这 5000 余万元装进自己的口袋。组织说了："这是奖励给你的，你不仅可以拿，而且应该拿！"他淡然一笑："我要那么多钱干吗？不要。还是留给村里，留给百姓。"这个人不简单，与上面那些靠权力为自己收敛本不属于自己的钱财者相比，难道他不算是一个伟人？

他应当是个名副其实的伟人。虽然用他自己的话说是个"裤腿上一辈子甩不掉泥巴的农民"，可他的精神境界却如此高贵并值得尊敬。今年 78 岁的他，从未离开过生他的那个村子，也从未离开过与他同呼吸、共命运的村子里的男男女女、老老少少，他带领百姓把这个村子建设成了"天下第一村"。

谁敢夸口"天下第一"？他敢！因为从上世纪五六十年代开始，他的村子一直走在中国农村发展的前列。近半个世纪里，多少与之同起并齐名的"红旗"或"典型"，或倒下的倒下或消失的消失，有的像吹气的泡泡，有的则如昙花一现，唯独他和他的村子，旗帜依旧高高飘扬，而且在市场经济的今天和全面建设小康社会的伟大征程上，他的旗帜越举越高，越来越鲜艳。

2003 年时，他的村子实现经济生产总值 100 个亿；2004 年为 200 个亿；今年的目标是 300 个亿。

村子，在今天的中国是最小的基层行政单位，又是纯粹的由农民组成的农业单位。这个村子的新掌门人吴协恩先生非常低调地微笑着告诉我：今年全村可以实现 20 个亿的可用利润。而我知道，其实在这公开的利润之外，还有好几个亿的钱是明补给了已经非常富足的村民们……

我们就说这年创 20 亿纯利吧！这是个什么概念？它是目前西部某些省区有史以来从未达到过的年财政收益纪录！可他领导的一个小村庄，却创出了如此巨大的财富！

仅此一点，难道不能称他是伟人？

十余年前，苏北盐城的一个只读过高中的农村小伙子，在面对终日汗洒黄土不能抒发青春理想的痛苦时刻，无意间因看到一份包粮种的旧报纸上刊发的一篇介绍这位农村支书如何领导农民走向富裕的报道，于是这个小伙子带着 300 元盘缠，只身来到本文主人公所在的那个村子，期待有份能吃饱饭的同时还能余几个钱的工作。后来这位小伙子被留了下来，若干年后小伙子又把自己的户口从苏北迁到这里。这还不算，小伙子"明眼势利"，又把自己的父母、对象以及对象的父母及其兄弟姐妹全都迁了过来，这滚雪球式的"家族大迁移"至今已达 57 人之多！

"B29 号"，这是小伙子现在的新家，一座两层建筑的欧式别墅，面积达 500 多平米，室内全套的豪华家具和精美装饰。主人介绍，这是村里分给他的住宅，按当地的"村价"约为 230 余万元（折合中等城市的价格大约 500 万元左右）。"之前我有一栋是前年搬入的别墅，面积也有 400 多平米。"小伙子非常平静地告诉我，没有丝毫的炫耀。他说：在这个村子里，像他这样的一户农民家拥有两幢洋气十足的别墅并不在少数。

"我们村的每户农民，最少存款也有百万元，当然存款千万元的也为数不少。家有别墅、汽车已是几年前就有的事了。你没听说我们村里的农民在十年前就有了'八有八不'？"

→ 华西村独有的"八有八不"

☆☆☆☆☆

"何谓'八有八不'？"

"八有就是：小有教——孩子从幼托到中学全部免费上学，考上大学有奖励；老有靠——男55岁、女50岁后人人都有六七百元以上的退休保养金；房有包——所有村民的住房全部由集体负责分配；病有报——看大病小病全部报销；物有商——村民购物可以不出村，大商场小商场和适合农家生活的超市应有尽有；玩有场——

闭路电视、影剧院、农民公园、世界公园你想得出的游乐全有；餐有供——各类档次的饭店餐厅遍及村子东南西北中，村委会为每位村民提供一年3000多元的补贴，等于365天你可以不用掏钱便可满足口福；行有车——村子为每个家庭配一至两辆小轿车。八不即是：吃粮不用挑——村里有公务人员专门将各家所需食粮送到你家；吃水不用吊——村里的自来水清纯可口，通至家家户户；煮饭不用草——这已不是新鲜事，用煤气管道跟城里一样；便桶不用倒——农村用上抽水便具是现代文明的一种标志；洗澡不用烧——农户有热水管道比你们城里人不差吧？通讯不用跑——我们村是全国第一个电话村；冷热不用愁——夏有空调，冬有暖气；雨天不用淋——全村住宅之间有万米长廊将户与户联为一体，你可以雨天不湿脚，夏日不晒阳……"

小伙子绘声绘色的描述，早已让我心旷神怡，于是迫不及待地想去感受一下天堂般的人间仙境。当我走进七彩长廊时，仿佛步入北京皇家公园——颐和园那条著名的长廊……

"我们村的长廊可比颐和园的要长多了！不骗你，那年江泽民同志来我村视察时就这么说的！"小伙子充满自豪地说。

"你一年的收入是多少？可以公开吗？"面对如此富有的村庄，于是便有了我心底早已想知道的问题。我问小伙子。

"没什么不可以公开的！在我们村里没有灰色收入，大伙的收入在村里都有账。"小伙子坦诚道，"拿去年说吧，除了日常的工资，去年村上一共给了我大约150多万元呢！"

"什么？150多万哪？！"我无法不惊叹！一个农民的年收入竟然有这么多！不是天方夜谭又是什么？然而这是真的。小伙子说，他这150万元中，80%能进入村工业集团的股份，还可获得可观的钱生钱分红。

小伙子名字叫孙海燕。你要查证的话，我有他的手机电话。从一个对人生命运失去信心的打工仔，到年收入达150万元的新村民，是我的主人公依靠他那颗为百姓造福的共产党人之心，为无数孙海燕这样的农民创造了一个个中国经典神话。

→ 党员是一面旗帜

☆☆☆☆☆

这是个财富的世界！而财富本身并不是资本主义的专利，它属于一切人类的共有。马克思、恩格斯创立共产主义学说的第一天就明确地指出了："共产党人不屑于隐瞒自己的观点和意图。他们公开宣布：他们的目的只有用暴力推翻全部现存的社会制度才能达到。让统治阶级在共产主义革命面前发抖吧，无产者在这个革命中失去的只是锁链，他们获得的将是整个世界。"（引自《共产党宣言》）革命导师说的"整个世界"当然包括人类的一切财富。

共产党人是些什么人？他们在中国是无产阶级的先锋队，也是全国各族人民的先锋队。而组成这个先锋队的人，他们必须具有推动社会不断发展富裕和繁荣人类文明的先进性。对中国共产党人而言，这个先进性正如胡锦涛总书记所说的——它必须坚持"切实落实到发展先进生产力、发展民主政治、发展先进文化、构建和谐社会、实现最广大人民的根本利益上来，推动社会全面进步，促进人的全面发展"。只有"紧紧把握了这一点，就从根本上把握了人民的愿望，把握了党的先进性的真谛……"（引自胡锦涛《在新时期保持共产党员先进性专题报告会上的讲话》）

我的主人公是位地道的农民。他既没学哲学也没上过大学，但他在几十年间领导农民们建设社会主义的实践中掌握了马克思主义哲学最精髓的核心和最基本的原理，即一切从实际出发，走适合自己村子发展的道路；他只读过三年私塾，但他在几十年中国政坛风云变幻中掌握了几乎所有人类学知识，即你这革命那革命、这主义那主义，唯让百姓幸福，就是社会主义；让全世界人都幸福，这就是共产主义！

这是他的原话。这是一个中国农民对社会主义和共产主义的理解。没有深奥的理论，没有玄妙的逻辑，却包含了无数深刻理论与丰富实践经验的真理。其实大凡一切最管用、最经典的真理，都是清澈见底的"大白水"。不是吗？毛泽东的"枪杆子里面出政权"，邓小平的"发展是硬道理"，不正是如此！

有关什么是社会主义、什么是共产主义，从马克思时代就争论不休，在中国这种社会形态，"主义"争论更是激烈。一百多年来，旧式资本主义学者甚至包括腐朽的晚清政府也曾尝试把垂死的社会改建为"社会主义"。到了蒋家王朝，"社会主义"也曾风靡一时。然而真正的社会主义只有到了中国共产党执政的时代才得以实现。可是，由于人为的因素与缺乏经验，使得我们在什么是真正的社会主义和建设什么样的社会主义问题上，耗尽了多少政治家的睿智和精力，也使10亿人民走过了不少曲曲弯弯的路途。

毛泽东是中国五千年间才诞生的一代天骄。他苦苦带领中国人民从贫穷中探索社会主义，可他并没有摆脱"阶级斗争"的阴影而在晚年将中华民族带入一场灾难……

邓小平之所以获得人民的拥戴并赢得全世界的尊敬，就

△ 指点江山的吴仁宝

是因为他为世界上最大的一个民族解释和寻找到了什么是真正的社会主义并如何建设社会主义的道路。他蒙难的"三起三落"并没有影响他成为 20 世纪最伟大的人物之一。

吴仁宝，这位农民虽然不能与毛泽东、邓小平这样的民族领袖人物相提并论，但他在自己的那块土地上，以一个真正共产党人的胸怀和睿智，成功地实践了让农民们从几千年形成的物质贫穷与精神愚昧的世界，过渡到物质富足、精神丰富、身体健康、人人都基本能"自由发展"，并朝着真正意义上的日新月异的高水平的幸福、富裕和完美方向不断前进——几千人、上万人，每年以 100 亿以上的速度递增，迅速创造物质财富和人均享用上万、甚至几万美元以上的纯收入，这样的发展速度和财富即便在最发达的国家也是少有的，而这仅仅是物质层面。吴仁宝的伟大之处，更体现在他以一个共产党人的崇高信仰和坚忍不拔的意志，靠实干、靠求新所铸造出的"华西精神"，以及他本人这杆历经风雨永不倒的红色旗帜，这正是我要告诉世人我们为什么可以称吴仁宝是伟人的原因——

50年不败，靠共产党人的一种责任，以人民幸福为己任。25年创出300个"华西村"，走一条从实际出发、发展经济的特色之路……

华西村的百姓也经常在一起议论：而今的老书记年近八旬，可思想为啥总比别人前一步？

省、地、市、乡的干部更会在平时如此议论：吴仁宝这个人了不得，几十年总是先进，别的典型一个个倒下了、消失了，唯独他长盛不衰、旗帜高扬！

那年江泽民同志视察华西问到这个问题。吴仁宝回答：我注意"两头"。一头与中央保持一致，也就是同各级组织保持一致，一头同人民群众保持一致。

"嗯嗯，细细说来。"党的总书记颇有兴趣地请他解释。

"我认为，做一名干部，只要跟'两头'保持一致，既同上面保持一致，又跟下面保持一致，就是一个不太差的干部。在下面做干部的，不要说做最好的干部，能做不太差的就不错了。如果专门想做最好的干部，就会容易只看自己好的一面，看不到自身存在的不足一面，最后这样的干部就要变成坏干部。"听吴仁宝这话，一下子容易让人想到另一位曾经风云一时的农村干部典型。

他就是天津大邱庄"庄主"禹作敏。

夺回"天下第一村"

★★★★★

吴仁宝曾经与禹作敏交往和交情很深，但由于各自的精神境界不同，两位农民领袖最终成了不同道的人。吴仁宝出名远在禹作敏之前，可到了上世纪的 80 年代初始，随着陈永贵的大寨大队失去光彩后，天津的大邱庄异军崛起，一夜间成了"华夏第一村"。早有"南大寨"之称的吴仁宝听自己的助手赵毛妹、吴协德从南昌的"中国农村'群雄会'会议"回来介绍大邱庄后，心潮极不平静。在此次会上，禹作敏的代表向外界亮出他们"华夏第一村"的实底：1983 年全村工农业总产值 3002 万元，人均过万元。其实当时吴仁宝他们的华西村人均产值比大邱庄高出 2012 元，为 12012 元。

"可我们与大邱庄比有差距，他们的村级经济总量比我们强！我们得迎头赶上！夺回'天下第一村'！"已坐镇全国农村"经济老大"多年的吴仁宝不甘心，在秋收秋种尚未完时，他便带着 20 多名村干部急匆匆地直奔天津大邱庄。

吴仁宝见禹作敏后，一副江南农民的谦和与诚恳之情，远远伸出双手握住对方："早就耳闻大邱庄的事迹，我这次和村上的干部专门来取你们的真经，你可不能保密啊！"

禹作敏则一副新霸主的气度，当着吴仁宝的面直拍胸脯："北方我老大，南方数华西。我大邱庄哪里都可以不帮，你华西我要帮！"

握手那一瞬，吴仁宝已知这位新对手的三分深浅。可那一次吴仁宝不露声色地沉下心来学习对方在开发市场、体制管理和用人等方面的道道。回华西后，吴仁宝一连开了几次干部、骨干会，把大邱庄如何壮大集体经济的经验反反复复琢磨了个透底，随后又派几位精明之人再度北上到大邱庄进行了半个月的调查摸底。之后，吴仁宝与禹作敏也有数度交往。日子一长，吴仁宝对小他两岁的"禹庄主"有了入骨三分的了解，以自己用血和泪水换来的挫折教训，对日益唯我独尊的禹作敏语重心长道："禹老弟啊，你这一辈子小事是出不了的，因为小事谁也不想动你，可你将来就可能会出大事。"

吴仁宝久经政治风云，他又告诫禹作敏："我们靠改革开放政策，做出了一点成绩，党和人民给了我们荣誉和地位够多、够高的了，所以我们更要头脑清醒，更要有自知之明，摆正自己的位置。"他以一位老练的农民政治家的涵养，特意加了一句："我说这些话，也是和你共勉的。"

不出所料，弹指一挥仅仅十年，曾经耀眼无比、不可一世的大邱庄"庄主"禹作敏因触犯法律而锒铛入囚，"天下第一村"的光荣头衔仍然稳稳当当地回到了吴仁宝的华西村。

禹作敏的下场，对重新认识当代中国农民领袖在社会上引发不小的震荡。因为在这之前，新中国历史上最耀眼的农民领袖陈永贵的政治末途和他"说没就没"（郭凤莲语）的去世，及其他几位农业标杆的纷纷落马，使得人们对"农民革命"的成功者产生了一定的怀疑：他们能不能代表真正的农民利益？能不能成为永不倒的共产党旗帜？

→ "借钱吃足"的奥妙

☆☆☆☆☆

这时期，在农业战线依然站立着的似乎只有吴仁宝一杆旗帜了！吴仁宝此刻在做什么？想什么呢？

吴仁宝此刻做了三件很经典的事：

一是他不顾重重阻力，带着华西村的主要干部和村民代表，不远千里，到了山西的大寨大队。在虎头山上，他率领华西干部和村民代表向陈永贵墓庄严地鞠了三个躬，同时向郭凤莲送去了华西村与大寨大队的几个合作支援项目。吴仁宝曾多次对人说：在当代中国农民中，他最佩服陈永贵，并称陈有思想、有观点、有本事，是硬干出来的。

第二件事是他亲自为华西村编了一首"村歌"。歌词是这样写的："华西的天是共产党的天，华西的地是社会主义的地。华西人民艰苦奋斗，团结奋进，锦绣三化三园社会主义的新华西；华西的天是共产党的天，华西的地是社会主义的地。华西人民艰苦奋斗，团结奋进，实践检验华西，社会主义定能富华西……"这是一首套用"解放区的天是明朗的天"歌词的村歌，朴实无华，光"社会主义"一词就用了好几回。当这首由吴仁宝亲笔填词、华西村村民们齐声在中央人民广播电台合唱的村歌播出后，令无数老共产党人、新共产党员激动得流泪。他们说："这样振奋人心、催人奋进的歌已经好几年没听到了！"那时，以苏联为代表的东欧社会主义国家纷纷换朝易旗，中国国内外嘲讽和怀疑社会主义的阴风也吹得玄乎。吴仁宝带领华西人高吟这样一首"社会主义"赞歌，是需要很大勇气的。而当时还有一个特殊背景：随着农村改革的不断深化和市场经济的风起云涌，曾经缔造了新中国农村经济发展神话的苏南乡镇企业在此时又面临彻底解体的末途，似乎谁言"集体经济"谁就是"改革倒退派"。吴仁宝才没管这一套，他对共产主义和建设有华西自己特色的社会主义信仰坚贞不渝。而正是他的这份不可动摇的信仰，才敢理直气壮高吟"华西的天是共产党的天，华西的地是社会主义的地"这等豪迈诗篇。

吴仁宝做的第三件事——也是最漂亮的一件事：他在报端见邓小平同志的南巡讲话后，以敏锐的政治眼光和丰富的实践经验，迅速做出了一个后来使华西村突飞猛进、走在中国农村乃至其他各行各业前头的决策——集中和动员华西村所有血本，以其雷鸣电闪之势，奋力抢占市场的举措。

这件事值得细述——

"喂，总机吗？请通知村党委委员和正副村长，还有各厂厂长，凌晨3点让他们上南院宾馆403会议室参加紧急会议……"墙上的闹钟时针已指向午夜2点多了，吴仁宝正一手拿着《深圳特区报》和《人民日报》，一手操起电话哇哇直喊。

"老书记，半夜三更开会是啥急事呀？"不到3点，该来的村干部们全部到齐。他们弄不明白吴仁宝要干什么。

"急事，急事！天大的急事！"吴仁宝连扫一眼会场的工夫都没顾上，便直奔主题："总设计师小平同志出来说话了！我看中国新一轮的经济发展马上就要到来！我们华西村如果不抓住这一次机遇，就会痛失一百次的腾飞机会！为此，我提出当前我们华西村压倒一切的中心任务是四个字……"

"啥四个字？"会场上的几十双眼睛全聚集在65岁的华西村领航人身上。

"借——钱——吃——足！"一向说话绵软吴语的吴仁

△ 接受电视台采访

宝此刻运足底气，高声喊出这四个惊天动地的字。

"借钱吃足？"片刻寂静，会场上立即爆出此起彼伏的询问和议论。

"对，我们华西村过去当了几十年先进，一向以既无内债又无外债而自豪。这回我们要打破老思路，来个借别人钱、生自己的财了！你们听我说……"吴仁宝站起身，示意与会者朝他靠拢，随后他以特有的笑眯眯姿态向村干部们如此这般一通言说……

"太好了！老书记，就照你说的，我们干！甩开胳膊干！"村干部们的脸上兴奋激动起来。

"好，那我们就拼出血本大干他一场！"吴仁宝拳头重重地落在桌上。转身间，他健步顶着晨曦向东方走去……

"老吴，你这么早找我有啥事啊？"无锡市市长走出办公室的第一眼就十分意外地看到了默默等候在一旁的吴仁宝。

"我来向市长你借钱的。2000万，我要2000万元！"吴仁宝向市长开虎口。

"嘿,怪了啊——你华西村吴书记借钱,可是头回听说!说,干什么用?"市长意外又兴奋地询问。

"商业机密,不可泄露。"

"好你个老吴同志呀!连我都不透露一点?"

"不透露!"吴仁宝一双眯成细缝的笑眼里透着几分狡黠。市长先是一愣,继而会心一笑,他已明白吴仁宝要干什么了,便说:"好,你不说我也不问了!你吴仁宝和华西村借钱,我一万个放心!2000万就2000万!"

"谢谢市长!华西村百姓会永远记着你的恩。"

吴仁宝这回张大嘴乐了:他用借得的贷款和村上的自有资金及村民集资的几千万元,一下"吃"进后来翻了数倍价格的万余吨钢坯和千吨铝锭及数百吨电解铜,又将这些原材料投入到随后上马的村办新企业生产中,而等别人还在细学慢嚼邓小平南巡讲话精神的时候,他吴仁宝和华西村早已甩开四蹄扬鞭在经济大发展的快速道上——10亿村、20亿村……50亿村、60亿村……华西村直奔天下第一,无人匹敌!

此后的吴仁宝领导的华西村,不再仅仅是全国产粮标杆、农民艰苦奋斗建设新农村的形象了,她已成为市场经济大潮中奋勇前进的巨轮——跃居全国百强企业行列;她已成为农工商全面现代化的旗舰——称雄华夏物质文明和精神文明建设的战场;她已成为中国特色社会主义的理论先导和成功实践的经验产地——闪耀在中国共产党时代丰碑上一颗贴着马克思主义和中国农村具体实际相结合标签的五彩金星!

→ 实事求是是法宝

★★★★★

　　说吴仁宝是个奇人的已经很多了。但仅仅靠积累的经验和天性的聪慧而制造出的一点奇迹,并不能保证他会成为一名永不倒地的英雄和奇才。吴仁宝的一生闪耀的光芒,是他作为一名共产党人所追求的信仰的坚定性,这绝非所谓的奇人所能够拥有的。

　　足够让世人刮目相看的华西村现在的实力和发展速度仅凭想象是很难形容得出的。"三年。再过三年你来华西村看看就更不一样了!"吴仁宝见我后的第一句话说得很自信也很有底气。

　　"三年后的华西会是什么样呢?"我

在眼花缭乱的"人间天堂"中参观时尽力去想象明年的华西与现在的华西之间的差异，但我自感想象力的匮乏。明天的华西村有更多的"金塔"（华西村现在有三座十五层的金塔）？明天的华西能实现千亿元的年产？明天的华西是一个田野上的现代化都市？

吴仁宝笑了，细言细语地告诉我：这些都不难。千难万难，实事求是最难。华西村能有幸福的今天和更加美好的明天，就是我们掌握了实事求是这个法宝。

这是一句与炫耀丝毫无关的朴实之语，但真正能做到的人并不多，即便是"实事求是"的发明者和倡导者。它考验着共产党人的先进性，同时也标立出了普通人与伟人之间的一道分水岭……吴仁宝的华西村并非生来就是天堂福地。

上世纪 50 年代末，吴仁宝出任华西村前身的 23 大队的党支部书记。当时正值"大跃进"年代，一些头脑发胀的人都在放卫星。先进分子吴仁宝自然逃不出上面的点名："吴仁宝同志，你们大队的稻子长势比别人家的好，你能报多少亩产？"

"那——人家报了多少？"吴仁宝问。

"最少的也有一万斤了。"

"一万？"吴仁宝两眼发直，心里打算了半天怎么也搞不上去。最后他狠狠心，鼓足气报了 3700 斤。

"保守，太保守了！仁宝同志你应该认识到，产量报的高低是个政治问题，也是党性问题，你要好好考虑考虑。"

吴仁宝打小在田野里打滚，他清楚每一块田里到底能打多少粮出来。面对无数双咄咄逼人的眼睛，这回他不想再说违心话了："这样吧，等收割时，公社派人到我们大队监收，如果地里能多收一斤稻谷，我们全大队宁愿挨饿也要倒贴 10 斤指标卖给国家；可如果亩产每少收一斤，你们也得给我们如数补上啊！"

这个吴仁宝！他的话一出，从此再没人朝他要亩产数字了。

"那时我不满人家报万斤粮的，其实我报 3700 斤也说了假……从那以后，我再不相信玩虚的了。玩虚的假的，沾光的可能是一些当官的，但吃亏的肯定是老百姓。我是从田埂上走出来的共产党员，一辈子脱不了双腿上的泥土，所以我于心不忍做假……"半个世纪后的今天，吴仁宝如此深情、执着地对我说。

1961 年，华西村正式组建，当时称大队，下辖 10 个生产队，人口 667 人，可耕面积 841 亩，人均欠债 1500 元。12 个小自然村落，破破烂烂，茅草房，泥垛墙，羊肠小道弯弯曲曲，七高八低的田地落差数米……"高的像斗笠帽，低的像浴锅塘。半月不雨苗枯黄，一场大雨白茫茫。"这是华西村当时的真实写照。

面对贫穷，吴仁宝最真切的感受和最强烈的愿望，就是要让自己的兄弟姐妹不再面黄肌瘦，就是要把那些背井离乡的孩子和婆婆婶婶们找回来暖和他们的手和脚……

那时吴仁宝想要做到这两点，唯一的办法就是带领乡亲们改天换地。

改天换地的战斗，是靠每一滴汗水冲刷和垒起的一种艰苦奋斗。吴仁宝一生最佩服陈永贵这位农民兄弟，就是因为当时的大寨精神给了他和华西大队一个改变村子旧貌的榜样力量。

学先进，赶先进，新中国五十多年岁月里有过无数次这样的运动和高潮。但吴仁宝与众不同之处或者说他的伟大之处，就在于他注重从实际出发、坚持与时俱进的创新和创造。在全国性的"农业学大寨"热潮中，吴仁宝带领华西走的是一条既求艰苦奋斗，又讲规划目标之路。为"十五年将华西建设成为社会主义新农村"的目标，吴仁宝身先士卒，与全村干部群众以实干拼命干的精神，提前八年实现。"做煞大队"换来的是土地平整、道路宽畅、白墙青瓦的新农村和闻名全国的"亩产超吨粮"先进典型。

现在我们到华西村参观，早已看不到昔日吴仁宝他们改天换地留下的那些旧景了，其实当时他们干得相当悲壮。有一首民谣曾在华西村四邻流传了很久："做煞大队无搭头，干起活来累死人。有女不嫁华西去，宁愿扔在河浜里。"

吴仁宝和他的农民兄弟姐妹们的拼劲，是华西精神最初的核心内容。那会儿华西人的苦干确实吓退了不少本来已经准备嫁给华西村小伙子的外村姑娘。一时间，退婚的女子把华西村搅得人心惶惶。这是一向笑眯眯的吴仁宝所不曾料到的。在别出心裁的"寻开心"青年社员大会上，吴仁宝高扬起嗓门，说："我不相信华西村的男青年找不到对象！今天我们改天换地的战斗确实比别人苦出几倍，可明天我们华西村就会比别人好出几倍。那时候，我们华西村就会有成群送上门的好姑娘！你们说是不是啊？""是——"小伙子们被吴仁宝说得眉飞色舞。"现在我想鼓舞一下我们华西村的姑娘们，你们干活个个冲锋陷阵，不甘落后。现在你们要拿出干活的劲头跟我们村上的好小伙子们去恋爱、去结婚！"吴仁宝的这句话把"寻开心"青年社员大会引向了高潮……当下，"铁姑娘队"队长赵毛妹"噌"地站起身，响亮地表态："我要嫁给别村姑娘不要的那个……"说完，她涨红着脸，瞥了一眼坐在旮旯的那位被外村姑娘退了婚的小伙子赵福元。赵毛妹后来真的与赵福元结为百年之好，证婚人自然是吴仁宝。赵毛妹非常了不起，她不仅以自己的行动在"做煞大队"的关键时刻为村里稳定了军心，后来也成长为吴仁宝的得力助手，人称"华西村的郭凤莲"。

华西村靠一根扁担、两个肩膀威震神州大地。那年大将军许世友率领江苏省干部们到华西村开现场会，见身边站着一位衣冠楚楚的农村大队书记后，一把将其揪到吴仁宝面前，说："你这个书记我看不要当了，瞧瞧人家吴仁宝，挢胳膊，光双脚，手上的老茧铜钱厚。这样的书记才能让农民过上好日子嘛！"

华西出名的时候正值"文革"时期。靠实干和抓生产争出的典型，在那会儿并不吃香。倒是一个由林彪老婆叶群抓的"学毛选"积极分子，一夜间像神话般传遍了大江南北，因为这位种田的老阿婆能画各种符号来谈"学毛选"的体会。一时间，这位邻近华西村的老阿婆成了万众瞻仰的人物。可人们上她那儿学到的却是十分荒唐可笑的"早请示晚汇报"和"忠字舞"。种田出身的吴仁宝一看那些玩意儿就愤愤地甩袖回到华西村，对自己村民们如此说："早请示晚汇报和忠字舞出不了一棵好苗好秧。我们把生产搞上去就是用实际行动向毛主席献忠心。"

就这样，东边的"学毛选积极分子"老阿婆那里书声琅琅，却生产连连下降；西边的华西村脚步咚咚，却生产大丰收。于是不多久，来自全国各地参观"学毛选典型"的人纷纷转道上了华西村。这还了得！吃政治饭的人赶紧派队伍杜绝前往华西村的人群，哪知根本不起作用。

"吴仁宝，你这么搞是什么用意？想用生产压革命啊？"帽子满天飞的年代，有人举着这样的高帽来压吴仁宝。

"我……"吴仁宝想当场顶那"领导"，可灵机一动，他又恢复了平时一脸笑眯眯的神情说道："毛主席不是说了'抓革命，促生产'嘛！我们华西就是一手抓革命一手促生产，再说我们的生产上去了，也是学习'毛选'后的结果呀！"

"老吴，你要这么说就对了！华西村的生产上去了，就是靠的学政治嘛！"那"领导"这回对吴仁宝颇为满意。

"我现在经常对人说，自己为什么七八十岁了还没有完全退休，就是因为以前犯过三个错误：教条主义、形式主义和官僚主义。这三个主义在我们新中国建设的几十年里，经常有人犯，我也不例外。所以总想在自己身体允许和有能力改正错误的时间里多补点回来，多干点有利于老百姓的事。"今年"五一"长假期间，已从华西村"一把手"退位至"总办"主任的吴仁宝在华西接受我采访时说到此处，又一转话锋："教条主义、形式主义和官僚主义是实事求是的最大敌人，我为什么总说千难万难，实事求是最难？就是因为我们在基层工作的同志，要想从实际出发，为百姓干点实事时，不断会遇到这样那样的问题。比如说在'宁要社会主义的草，也不要资本主义的苗'的年代，我们华西村为了改善和增强集体经济，偷偷摸摸搞了个'小五金'厂。那时华西已经是全国有名的农村先进典型了，我们办'小五金'厂在当时是绝不允许的事，属于割资本主义尾巴的范围。但我们为了让百姓过得日子好一点，就把办'小五金'厂当作头等重要的副业来抓，后来每年为村上创利几十万元，那时候一个生产大队有几十万元收入，绝对算富裕了！可这么好的事，领导来了我们只能赶紧关门，参观的人一走又机器隆隆响起。后来露了马脚，我只好跟领导这样汇报：'这是响应上级指示精神，搞两条腿走路。'上面的人信这呀！他一信我们就可以继续干，华西村就这样慢慢有了较强的集体经济。"

→ 为百姓谋幸福

★★★★★

有人说吴仁宝之所以成为中国农业战线上的一个"不倒翁"，就因为他有一套能对付上面的手段。吴仁宝听我口出此言时，爽朗地笑道："我尽管很痛恨形式主义，但有时觉得形式主义还有点用。比如我们要干成自己想干的一件事，当时的政策和形势可能就不让你干，怎么办？这个时候我就玩点'形式主义'了。这形式主义能对付官僚主义，因为官僚主义比较喜欢形式主义。"吴仁宝说到此处，笑眯眯地把嘴凑到我耳边说，给你讲个故事，你不是就住在我们华西的金塔宾馆吗？华西的金塔现在有三座，我们还要造十几座金塔。你们大城市来的人看了金塔一定会说这塔怎么不土不洋呀！吴仁宝怎么就这农民水平呀！我告诉你为什么要造这不土不洋的东西。华西村发展到现在这规模，按照一般思路就得有非常气派的行政大楼、业务大楼、综合大楼什么的。可我不搞那些。因为我们华西还是农民的华西，要有农村特色。农民对塔建筑容易接受，一句话，喜欢塔。所以我就主张建塔，以塔代替各种大楼。你看到的金塔全是我设计的。造好后，大家的感觉就是有些不土不洋。我心里偷偷笑，华西和我吴仁宝要的就是这不土不洋。而且这不土不洋就是一个形式，专门对付那些官僚主义。现在可以告诉你我为什么这样做，如果当初我把塔建得特别洋气，就会有领导指着鼻子问我搞那么洋气干什么？他们还会说华西是中国农村的先进典型，那么洋气就是脱离农民呗！反过来同样道理，我把塔建得太土了，人家领导又会指着我的鼻子，说你吴仁宝和华西村再富也是农民，就是土。你说说，这难办吧！所以我干脆来个不土不洋——正好。哈哈……"吴仁宝说着自己先笑起来。一个典型的农民风格的智者。"话得说回来，一般情况下，领导们到下面来总是爱看点好的、听点好听的，于是下面就有人专门搞些迎合的东西和名堂了。所以说到底，除掉形式主义的根子还要靠下面，靠实事求是。"吴仁宝如此结论。

到 60 年代末，华西村依靠一个"小五金"厂和一台小磨坊，便积累了100多万固定资产和100多万现金存款。而此时的华西村村民们也全部搬进了大队统一盖建的新瓦房，并且家家有存款。从这时候起，外村姑娘嫁华西村甚至小伙子"倒插门"来华西的风潮一直延至今日……

吴仁宝通过华西村第一个历史发展的进程，深切地体会到：将一名共产党人的使命和责任落到为百姓谋幸福之上是多么的重要，而人民群众对这种重要性的呼应，又使吴仁宝更加坚定了走实事求是和创新创造的发展之路。

→ 幸福需要实干

☆☆☆☆☆

"中国改革开放的总设计师邓小平有句名言，叫作'发展是硬道理'。我怕农民群众弄不太懂，就自创了两句话，叫作'有条件不发展没道理，没有条件创造条件发展才是真道理'。我们华西就是靠这个精神一步步求发展的，走得还比较顺。所以我总结了十八个字：大发展，小困难；小发展，大困难；不发展，最困难。现在胡锦涛提出科学发展观。我的看法是：发展最科学，不发展最不科学。"瞧这位农民政治家出口成章的经典词语，既朴实又充满深刻的实践思想！

"让百姓幸福就是社会主义。让百姓幸福就必须大发展。"这是吴仁宝担任华西村支部书记几十年来总结和遵循的一个"真道理"。

为了把这个"真道理"转化为农民们人人看得见、摸得着的幸福感觉，吴仁宝带领华西人走过了"70年代造田"、"80年代造厂"、"90年代造城"的三次革命性征程。

"70年代造田"完成的是农民们实现温饱的革命。就是在这样的一场农民们人人都明白如何走完的革命途中，吴仁宝也创造过许多"特色"。"造田"初始，吴仁宝就放言说："这些年，干部一动员大干快上就说要让大伙儿脱几层皮、掉几斤肉。我看哪，叫群众脱皮掉肉的干部一定不是好干部。从今起，我们华西人在搞大干快上时，不仅不能脱皮掉肉，而且还要长肉增膘！"天底下能有这等事？当然有。这就是现今老一代华西人给后代们经常讲的"老书记办食堂"的一则百听不厌的故事——农忙来临，支书吴仁宝忙着张罗的不是农田里的播种与收割，而是那个"大食堂"。

"你们听着：主食供应要放开，小菜副食多花样，荤素搭配得合理，茶水点心送田头……"吴仁宝拉长嗓门在食堂内外不停吩咐着。

农忙战斗打响前，吴仁宝特地指定58位姑娘称了称体重。大忙一过，竟然出现奇迹：有38位姑娘增了体重。现今姑娘增体重是件愁事，可那年代绝对是喜笑颜开的美事，更何况是在出力流汗的农忙季节！这就是吴仁宝为百姓创造幸福的细节之一。"办食堂"曾经被当作一种极"左"行为进行过批判。可吴仁宝不这么看，他看到的是农民们为了集体生产出大力流大汗，如果不能把身体搞好，哪来冲天干劲？于是他力排众议，办起"农忙大食堂"。农民们高兴呀！干活有人管饭，自然心情舒畅。这心情一舒畅，啥苦啥累都不在话下，身体也就跟着长膘了！华西村的"农忙大食堂"一直办到80年代，后来"大食堂"就变成了大饭店、大宾馆和各种风味小餐厅。现今村民不管男女老少，每人每年有3000多元补贴，可任意在这些地方免费就餐。

华西人有句"无农不稳，无工不富"的口头语。早在70年代进行"造田"战斗同时，吴仁宝已经摸索出了一套建设社会主义富裕新农村的经验，即单一的农业很难使农民们真正富裕起来，只有彻底解放农村生产力，走农村工业化道路，中国的农民、农村和农业才有出路。

70年代末80年代初，中国的农村经历了一场自新中国成立以来最为波澜壮阔的伟大革命。在跨越30年的土地集体耕作之后，农民重新获得了种地的自由——分田到户、包产到户的承包责任制迅速在各地推开，成为那个时期"三农"工作的主要内容和改革标志。面对全国性的农村改革形势，以集体经济壮大起来的华西村的路怎么走，吴仁宝必须回答。

"分？！当然分有分的好处。可分与不分仅仅是个形式。中央政策的意图很清楚，分田到户为主要改革内容的承包责任制，其最终目的是让农民富裕起来。这说明选择什么样的道路并不重要，根本的一条，就是看我们共产党领导下的农民们能不能过上富裕日子。我们华西村的集体经济已经发展得相当好了，农民们都开始过好日子了，为什么一定要分呢？华西村现在的头等任务是要更大力度地解放生产力，让大伙儿的生活更加富裕、全面富裕！这也是社会主义，是社会主义的根本目标！"吴仁宝的回答掷地有声。

再造"天下第一村"

→ 大起大落

★★★★★

南京，雨花台。细雨蒙蒙中，一百多位神情肃穆、列队整齐的农民，紧握拳头，面对革命先烈纪念碑，个个庄严宣誓："苍天在上，大地做证，我们华西人要有难同当，有福同享，决心苦战 3 年，目标 1 亿……"尽管雨水打湿了每一个宣誓人的脸，但人们还是认出了领头宣誓的那个年长者，他就是吴仁宝。

这个日子是 1985 年 8 月 19 日。这一年吴仁宝 58 岁，一个名副其实的老共产党员。在雨花台的那次雨中宣誓，心细的人会发现：流淌在这位老共产党员脸上的，不仅有飞扬的雨水，更有两行滚烫的热泪……外界人一提起吴仁宝，只知道他是华西村的党支部书记。其实吴仁宝还当过乡官、县官，只是他在当乡官、县官时从没有丢过华西村支部书记这个职务。吴仁宝一生中最大的官职，是他在1975年4月至1980年5月这段时间里出任江阴县县委书记一职。

"不行不行，我是一个农民，文化水平低，怎么能抓得了一个县的工作嘛？"在上级领导告诉吴仁宝已经决定让他出任县委书记时，吴仁宝再三真诚地推辞。

"我们认为行。你事业心强，魄力大，干劲足。再说你也兼任多年县委副书记，在负责一方面工作中抓得很好，组织上考察的结果，大家都觉得你能挑起新的担子。再说，陈永贵不也是从一个农民、一个村支部书记，一直到现在任国务院副总理、中央政治局委员嘛！"领导举例说。

"我的水平哪能同陈永贵同志比？再说，我也离不开华西……"

"这个我们已经研究过了，你当江阴县委书记，仍兼任华西村支部书记。陈永贵当了国务院副总理，不也还兼任昔阳县委书记嘛！"瞧，又拿陈永贵说事。

组织决定，没辙。于是吴仁宝就从村支书，一跃成为专职县委书记兼华西村支书。之后的五年零一个月里，吴仁宝以抓华西村的干劲和经验，坚持从实际出发，抱着让百姓过上好日子的心愿，废寝忘食地工作。他在复出的邓小平向全党提出"全面整顿"的精神鼓舞下，以真抓实干的工作作风，上任县委书记的第一年就提出要把江阴"一年建成大寨县"，并用他特有的形象语言把几项奋斗目标编成一首诗："七十万亩田成方，六万山地换新装，五业发展六畜旺，社会人人喜洋洋。"

我们可以想象一下：1975 年，虽然邓小平的"全面整顿"使各条战线如久旱中迎来一阵春雨，但"文革"所形成的只讲"阶级斗争"、不抓生产和发展的政治空气，在当时的农业战线也还极其严重。吴仁宝想实现"誓改江阴面貌"的雄心十分困难。"建设新面貌，县委是关键；不怕群众不愿干，就怕县委不敢干；不怕农业上不去，就怕领导干部下不去；不怕基层干部不团结，就怕县委班子思想不统一。"面对重重压力，吴仁宝在县委常委会上用朴实而炽热的语言，感动和激励着县委一班人。"干社会主义，就要拿出真变化。"吴仁宝结合江阴实际，提出三项"大跨步"。在这一系列措施中，其中有一项最能体现吴仁宝作为基层领导干部的实干作风，他要求县机关干部改变以往坐办公室的作风，实行"三三制"，即三分之一人员到基层或农村，三分之一人员深入一线调查研究，三分之一人员留守机关处理日常事务。如此一来，整个江阴县机关和基层单位的干部，精神面貌和工作干劲为之一新，全县各项工作呈现生机勃勃、热火朝天的景象，江阴的各项发展由此进入了前所未有的突飞猛进阶段。从 1975年至 1980 年吴仁宝任县委书记的五年里，江阴县的工农业生产总值整整翻了一番多。

江阴本先进，昔尚不逮今，

今日沸腾谋建大寨县，苟欲描摹语言良难寻。

我闻此讯心跃然，不胜欣喜望南天，

仁宝同志江阴众，英雄业绩维仔肩。

更思举国数千县，孰不能如江阴焉？

这是身居京城、与吴仁宝同乡的中国语言大师叶圣陶老先生在报上见到江阴欣欣向荣变化时，"感极喜极"地给吴仁宝作了一首诗。老先生感慨万千道："我乃苏州人，想苏州人当同此兴奋。即非苏州人，亦必欢呼称颂也。"

一生耿直天真的叶圣陶先生哪知他所万般欣赏的农民兄弟吴仁宝的"英雄业绩"，却在一些人眼里并非如此，加之当时政治气候的影响——我们曾都记得，随着陈永贵为代表的一批农民典型和大寨旗帜的纷纷失色，或退出政治舞台，红了几十年的吴仁宝似乎也让个别喜欢在某个政治气候中捞稻草的人看到了机会，他们先是写黑信说"华西是假典型"——华西假了吴仁宝还能真吗？这种逻辑的推断所造成的恶果极其可怕。而吴仁宝坦荡无私的工作作风，又使一些"讲实际"的干部党员也找到了"出出恶气"的机会……

1980年5月中旬的一天，江阴县直机关召开党员大会选举出席即将召开的中共江阴县第五届代表大会的代表时，发生了一件曾在中共江阴县委和江苏省党史上十分罕见和震惊的事：身为江阴县委书记和中共江苏省省委委员、业绩卓然的全国老典型吴仁宝，竟然落选了！

县委书记落选县党代会代表，更何况这个县委书记此时还是党的全国"十一"大代表呢！

这是吴仁宝一生从未有过的一次大起大落——是在他入党整40年时、官职最大、为党的事业干得最火热、功绩最大的时候出现的政治命运，刚毅的吴仁宝此刻真是欲哭无泪……无奈中的上级组织考虑到这种局面，决定调吴仁宝任地区农工部负责人，但吴仁宝请求道："我来自华西，还是回华西。我是党员，一生唯一的愿望就是想为百姓多干点实事，坐机关不太适合我。"面对一位不计名利的老共产党员的诚恳请求，组织上最后答应了他。

吴仁宝从"县官"的宝座上又回到华西村当起了农民。

南京雨花台前宣誓时那两行泪水，是不是这位老共产党人内心涌出的一丝委屈？还是其他什么？吴仁宝从没跟人说过此事，华西村人在这种不平中也获得了一份欣慰，他们再一次看到老书记又意气风发地回到了他们中间！

→ 再回华西

★★★★★

53 岁的年龄从县委书记岗位上正常卸任，以后的日子颐养天年也属情理之中。然而非正常"下台"的吴仁宝却选择了一条完全不同的路——他重新回到了生他养他、并与村民并肩用汗水改变了旧貌的华西村。

现在吴仁宝的身份依然是农民。他的实职是村支部书记（这一职务在任县委书记时一直保留着）。

不是所有的人都能甘心自觉自愿去接受这样的命运选择，即便是伟大的人物。但吴仁宝做到了，他以一个共产党员期待"为民造福"的宽阔胸怀和崇高追求，完成了他从一个普通农民到时代伟人的人格升华和心路历程的转变。

之后的二十年里，吴仁宝这位老先进、

老劳模所做的每一件事,所踩踏的每一个脚印,都体现了一位农民共产党人的先进性。而他对中国农民的深厚感情、对中国农村和农业发展方向的真知灼见与成功探索,都几乎可以用完美来形容。

"80 年代造厂",是他这种不断追求完美的一个重要里程碑。

△ 华西村胜景

"亿元村"——这是吴仁宝领着一百多名华西村人在南京雨花台前发出的誓言。选择雨花台，就意味着吴仁宝下了"誓死不休"的决心。

今天的华西村每年产值以 100 个亿的速度在递增。可在 80 年代时，"亿元村"对中国农民来说，如梦里的天堂一般。天津大邱庄的禹作敏之所以牛气冲天，就因为那会儿他村里的产值已达 3002 万元（1983 年），比在全国早出名的华西村高出一倍多的年产值。"亿元村"的目标，对一个仅有上千人的华西村而言，近似一座高不可攀的泰山。吴仁宝不愧是一头永不知倦的拓荒牛，他的每一次发力都让人惊骇：三年实现"亿元村"，而且是"三化三园"的"亿元村"，即绿化、美化、净化和远看华西像林园，近看华西像公园，细看华西农民生活在幸福乐园——这是吴仁宝当时给华西村描绘的蓝图，它浸渗着这位一辈子与农民滚打在一起的老共产党人始终如一的作风：不仅追求物质文明，更追求精神文明；既要好看，又要实惠。而这也正是农民拥护又欢迎的理想家园。

"搞建设，就得拿出革命先烈那种舍生取义、视死如归的精神。从今起，我们每个党员干部都要以身家性命来押保华西三年内实现'三化三园亿元村'的目标。拿笔来——"南京雨花台宣誓回村后，吴仁宝第一个在干部责任保证书上重重写下自己的名字。这不是一次普通的签名，村里的党员干部们知道：责任保证书上写得清清楚楚，在"亿元村"的奋斗中如果目标没有实现，他们的家产将全部归公！如此悲壮的农民革命啊！

　　"从那年起，每年我们华西村党员干部都得在村民面前'签字画押'一次。正是这种豁出去的拼命精神，使党员干部的责任心、事业心获得了极大发挥与激励，华西因此也有了一年更比一年好的直线上进的局面。"吴仁宝说这话时，一腔慷慨和激情。

　　华西村的农村工业化道路便在这般悲壮的号角中吹响了战斗的进军曲。

　　田野上的工厂该是个什么样？显然吴仁宝想的绝不是那些"乒乒乱响"的作坊式小厂，这回他要实现真正意义上的工厂梦！

　　从田园到工厂，中国农民梦求了五千余年的路程，现在吴仁宝欲一步跨越。

　　"攀远亲"、"搞联营"、"借他力"、"寻远航"……那岁月，吴仁宝既像乐队的总指挥，又如亲自上阵演奏的大提琴手，忽而掀动百舸争流的奔腾旋律，忽而谱奏绿色田野的春天童话，令人目不暇接，陶醉又沉迷——跳出"村门"进"城门"，闯出"国门"富"村门"，借脑袋生财，租梯子上楼，绑大船远航……这一招一术，无不显示着吴仁宝解放思想、开拓进取的胆识与气度。这期间，由华西村创出的诸如"星期天工程师"、"教授下乡走亲戚"等媒体新名词也不断在人们的耳边响起。而所有这一切，都是吴仁宝这位农民改革家一手谱写的"造厂"乐章中那些闪耀着光芒的精彩音符……

现任华西村党委副书记、"教授村民"程先敏走过的人生经历，无疑是这些精彩乐章中那颗闪耀得格外夺目的"音符"。

那年程先敏39岁。这位因不甘"囊中窘色"而独自辞别西安交通大学的年轻教授，有一天怀着好奇心走进华西村……

"你是大学教授？"

"是。我家在陕西商洛地区，农民出身。因为家里穷，所以上学后特别用功，从小学到大学读书一直是跳级的。十几年寒窗苦读就是为了跳出'农门'，可真当了大学教授后又发现自己还是没有能力改变家族的穷困，所以只身来到苏南想寻求生路……"

"你学的什么专业？"

"机械制造专业。"

"听说你在我们华西村附近的另一个地方有过三年的办厂经历？现在为什么又要走了？"

"是，那个厂我去后效益翻了好几倍。但最终因为我是个外地人，他们在许多关键决策时不听我的，眼下工厂每况愈下，我也不得不走了……"

"那——你愿意上我们华西村吗？"

"如果我来了，你们能发挥我的专业特长

并按照我的建议办企业，并且不把我当成外人吗？"

"完全可以——只要你是对的，只要你真心把自己当作华西村的人，华西村会真心诚意对待你的。"

"那我愿意留在华西。"

"好！"一双长满老茧的手热情地伸向年轻的教授。程先敏认出了站在他面前一直笑眯眯的老人就是华西村老书记吴仁宝。

"说说，你这位教授留在华西村有什么条件？"吴仁宝喜欢直截了当。

"没什么条件。"程先敏回答得也很直截了当。

"真没？"

"真没。"程先敏肯定地摇摇头。见老书记的眼睛盯住自己不放，于是只好说："工资可以低一点，三百来块就行……"

吴仁宝再一次伸出双手，握住年轻教授的手，十分欣慰地笑道："你是个跟我合得来的人！好好干吧，华西村有你的用武之地！"

程先敏就这样成了第一个到华西村工作的教授。他以自己的专业知识和令人敬佩的工作干劲，在华西村"造厂"创业中贡献了自己的全部才智和本领。年末，程先敏要回陕西探亲，吴仁宝给他 3000 元钱，并说："你一个月拿 300 块工资是亏的。"老书记的一句话，让年轻教授十分感动，程先敏其实知道，那时华西村一般的干部和企业管理者也就一个月拿 100 多元工资。

……又到第二年回家探亲时，程先敏正在收拾行李时，村上的会计扛着一只鼓鼓囊囊的麻袋进门对他说：“老书记让我把这些给你。”

程先敏打开麻袋一看，惊得嘴巴半天没合拢：妈呀，麻袋里装满一捆捆崭新的十元钞票！不多不少，5万元整！80年代的5万元，对多数中国人来说，绝对是个天文数字。程先敏面对老书记吴仁宝和华西人的一片炽热心意，他哭了……从老家再回华西村时，程先敏把放在自己口袋里五年的全家户口簿，交给了吴仁宝："老书记，如果你同意收留我们，从今起我们就是华西村的村民了……"

吴仁宝听完此话，转身朝正在"造厂"工地上热火朝天干活的村民们大声嚷道："有教授来华西当村民，相信我们的明天一定更美好！"

"华西的天是共产党的天，华西的地是社会主义的地……"这时，环绕全村四周的高音喇叭齐声响起农民们熟悉而高亢的那首《华西村歌》……

三年，一千多天，转眼间的事，吴仁宝却像变戏法似的让华西村的田野里矗立起一座座既绿化又环保的大型工厂，并且成为气势雄伟的苏南农村土地上的第一个工业园区。时至 1988 年，华西村的经济呈现出以第二产业为主体，一、三产业为两翼的多元化格局，年产值超过预期，达 10106 万元。

"亿元村"的目标实现，华西再度成为全国农业战线最光彩夺目的旗帜！

这年吴仁宝 60 岁。可他意气风发的精神面貌，谁也无法将"老人"的标签贴在他身上。吴仁宝笑言自己正当年，"因为我的党龄才 34 岁。34 岁的人干什么活？当然是干翻天覆地、惊天动地的事嘛！"一个生命不息、奋斗不止的共产党人的胸襟和情操就是这样崇高！

吴仁宝有句口头禅："一个党员就是一面旗帜，党员代表着党的形象。一个党员干了好事，老百姓就会念共产党好。"而且他这样认为："全心全意为人民服务，是共产党员的职责。要为人民服务好，最根本的就是要让人民过上好日子。要让人民过上好日子，就得发展经济。"

吴仁宝正是靠这种理念，并以其不甘平庸、抢立潮头和求新务实、一心扑在发展经济上的雄心与干劲，带领华西村农民以"十年跨越一个时代"的速度，创造了"天下第一村"的一个又一个神话。

⊙ 又一次历史性登高

★★★★★

　　"不土不洋，亦城亦乡，把华西建成富足的社会主义农民乐园。"这是吴仁宝在完成对华西村"造田"、"造厂"之后集体经济不断壮大的基础上，开始引领农民们走向全面小康和向"中康水平"迈进的又一次历史性登高。

　　这期间，在吴仁宝"实事求是，艰苦奋斗"的指导思想中，又加进了"科学发展、超前规划"的内容。

　　吴仁宝构筑的"不土"，并非我们现在所看到的华西村那一幢幢、一排排在大都市里才能找到的那些五光十色的中式、欧式农民别墅，或是象征华西形象的金塔建筑那种外观形态上的浅层感知。他的"不土"，其实是当代中国农民在邓小平建设有中国特色社会主义理论指导下，以其励精图治的创业精神和敢为天下先的英雄才智，在完成从拿锄头，到拿榔头；从与庄稼土地打交道，到与机器与市场拥抱；从种田汉，到厂长经理；从农业文明，到工业文明的"自我革命"，开始全面进入脱胎换骨的"基因革命"过程。这既是终结传统农业文明、挥手告别现代工业文明的一种辞旧意义，更是开创符合中国国情的社会主义农业城市化的新探索。"土"是农民的本质，吴仁宝在领导建设富足的华西村时，之所以被世人所称道和不失为中国农民的榜样，就是他始终没有脱离农民"土"的本质。90年代以后，华西在取得农村工业化巨大物质积累后，开始了惊世骇俗的"造城"——即农村城市化的进程。在传统意义上，"造城"总会破坏原有的农村自然格局。可华西村在吴仁宝的精心规划下，没有将城市的概念简单地搬到村子里，他们追求的是那种外建筑和内装置上"一百年不落后"的超前设计与投入。在规划与选址上则坚持现代化的都市建筑与农村古朴的自然风景和谐地融为一体，因而这样的"华西城"让人百看不厌，百住不旧，且独具魅力。

"规划和质量上的一百年不落后，实际上本身就包含了巨大的经济效益。过去农民日子一好过，就是翻盖房屋，再多的财富积累也因一次次的建房而所剩无几。华西村在发展初期时也出现过这种情况。现在我们改变了思路，在再规划和盖房时，尽可能地超前，这样做从长远看，既达到了一百年'不土'的目的，又因优美的硬件建设，为吸引投资和聚集人才起了很好作用。"吴仁宝指着那些让美国、欧洲人都羡慕的造价在几百万元的农民别墅，如此为我解读其中的奥秘。

与那些豪华的欧式别墅相毗邻，我信步参观了代表华西村文化概念的"农民公园"，"不洋"在这里很有代表性。走进公园，绿荫和花丛间是小桥流水、扁舟穿梭与鸟语啼鸣，一派杨柳吹拂和阵阵欢歌……但最引人注目的还是中国人熟识的"桃园结义亭"、"三顾茅庐"和"二十四孝"长亭等景致。许多到华西参观的人，总会在此对吴仁宝这位"百分之百布尔什维克"的老书记为什么要搞这些名堂提出疑问。

"这正是我们老书记从农民的实际情况出发，而一向坚持倡导的一种管用的传统文化教育形式。"村"精神文明办"的小赵介绍说：老书记认为，教育富裕了的农民，既要向他们不断灌输现代文明思想，同时也不能放弃中华民族的传统文化教育。老书记常说，我们共产党人信仰共产主义，坚定走社会主义道路，但也得讲求"仁义忠孝"，尤其是年轻一代的农民要教育他们对老人和父母必须忠孝。为此，老书记还在村里倡导设立了一项特别奖：凡哪家有 90 岁高寿的老人，直系亲属每人每年可获得"忠孝奖"1000元。凡哪家有老人活到100岁高龄的，直系亲属每人每年可获10000元"忠孝奖"。陈珍妹老人百岁时，她全家五代同堂37人就每人获得10000元大奖，共计37万元！有人问老书记，是不是奖金太多了？老书记说："一点不多。华西村的老人假如都能活到百岁，那就证明我们华西人民不仅生活富足、精神愉快、身体健康，而且后代孝敬老人做得出色，这样的奖励物有所值。"吴仁宝就是比人高一筹！这样的"不洋"里包含着深刻的中国特色和农民特色。

走出"农民公园"，我被一座绵延起伏的山峦所吸引。此山虽说不上高，但它因矗立于一片平坦的田野上，故而显出特殊的气势，形状极如一条活脱的巨龙，这使我心头顿生一缕联想：华西村好风水，原来此处真有"龙"也！

说话间，我的双脚跨进了一座飞檐斗拱、气势恢宏的牌坊，上面有四个金灿灿的大字——华西公园。嘿！在这峰回路转、依山傍水的公园里，我终于领略到了华西村的"洋"景：美国的"白宫"、英国的"古城堡"、巴黎的"凯旋门"、德国的"天文台"、捷克的"乡村别墅"……这里真的"洋"透了！"农民们出国，过去是做梦也不敢想的事，可在华西，我们的村民可以天天'出国'，而且免去任何手续，早饭可在'印度'吃，晚上住宿在'日本'，一天可以走十几个'国家'，保证享受的是一流服务……"搞宣传的小赵绘声绘色地介绍，并不时领我身临"出国"之境。真的，在华西"万国园"内，可有多种外语服务，可有各种饮食享用，更有各种文化观赏。总之，这里是十足的"洋"。

"不土不洋",又"土"又"洋",在华西村你无时不在这种传统与现代、历史和现实的中西文化的大交融中感受着、激动着、陶醉着、回味着……

是的,所有这些,都渗透了吴仁宝这位农民思想家的精心创意和独特理念。

读懂它,既要穿透辩证法的哲学境界,又

△ 老书记与员工亲切交谈

要领悟实事求是的现实根基。我这样理解吴仁宝的"不土不洋"——在这里的"不土"中,"不",其实是一种追求,一种理想,一种创新,一种与时俱进;而"土"则正是实事求是、中国特色或者说是具有中国农村与农民特色的社会主义本质。"不"与"土"在这里是一对互为依存、互相促进的充满活力的革命的辩证关系。同样,在这里的"不洋"中,"不",其实是一种摒弃早被毛泽东同志批判的那些盲目崇洋思想和教条主义。而这里所追求的"洋",却代表着吴仁宝和华西人善于吸收人类一切文明成果、乐于接受新思想新事物的先进意识。

吴仁宝的另一个建设新华西的"亦城亦乡"理念,则是与"不土不洋"同样寓意。它让我们有梳理不完的哲学境界和可借鉴的实质内容。

这,再次让我惊叹吴仁宝为什么不能是个我们可以称道的带着浓重泥土味的伟人呢?

面对我内心的这种发问,吴仁宝谦和地说,我只是一个农民,一个讲求实事求是的共产党人。"如果问华西这面旗帜为什么几十年不倒的话,我的体会是:因为我们始终做到了'三不倒',即'难不倒'、'吓不倒'和'夸不倒'。"

老书记这样解释："难不倒"，通常是我们在改造客观世界过程中的决心和办法；"吓不倒"，通常是中国特有的社会环境和政治形势下，我们在基层干实际工作的同志有没有较强的政治识别力和政治谋略能力。吴仁宝进而举例说，华西村和他本人在过去的几十年风风雨雨中曾经遇到一次又一次的"黑典型"和"红典型"之争。比如在"文革"中，林彪江青一伙为了抬高他们树起的那些极"左"假典型，曾多次对华西村打压、污蔑，甚至采取极端的手段，企图毁掉华西村这面坚持建设有自己特色的社会主义新农村的旗帜。在那些岁月里，华西人民始终坚持坚定不移地搞社会主义必须发展生产力的信仰，他们以让人民过上好日子和为国家多做贡献为两大己任而使华西村的旗帜永远迎风飘扬。

上世纪 80 年代，中国农村的"包产到户"已在全国全面铺开，而且当时只有同一个声调："包"字万能、一包就灵。似乎谁不"包"，谁就背离十一届三中全会精神。一时间，这样的帽子从四面八方打向一直坚持"不分不包"的华西村，当然主要打在了领头雁吴仁宝的头上。面对全国风云变幻的形势和重重压力，吴仁宝镇静自若，他对村里的干部群众说，党的十一届三中全会精神，是我们党总结了历史上犯"左"的错误教训后，根据我国农村实际情况所做出的政策调整，它的中心意思是对于一切有利于增加生产、增加收入、提高农民生产积极性的做法和责任制都应予以支持，中央并没有说要搞一刀切、搞一种模式，而搞一刀切、搞单一的模式，正是中央并不提倡的。针对外面有人说"我们那儿分田到户后农民如久旱逢甘霖，你们华西不分田不怕上压下反吗？"吴仁宝坦然处之，他说："三中全会精神讲实事求是，一切从实际出发。我们各自的情况不同，你们分，是实事求是，是三中全会精神；我们不分也是实事求是，虽然我们搞的与你们是不同的责任制，可我们奔的都是三中全会指引的富民路。"吴仁宝还将华西村"产业结构有生命力、集体经济有吸引力"等诸项优势介绍给那些真心爱护华西的领导和友人。尤其当吴仁宝介绍到华西村早在六七十年代就开始把那些便于个人操作的农活包户、包人，以及企业实行厂长责任制的做法时，那些怀疑华西村、劝说吴仁宝的人都十分惊诧地说：搞了半天，你们华西村在落实三中全会精神方面又走在了前头！

谈起华西村和他曾经亲历的一幕幕跌宕起伏的往事，吴仁宝坦言：共产党人的一大本事，就是在各种考验面前不被人吓倒。而要做到不被人吓倒，你心里就得有本执政为民、造福为民的账。有了这本账，你做事就不会迷失方向，不会被任何力量所动摇，更不用说被什么政治形势吓倒了。

在华西村，无论是当年与吴仁宝一起艰苦创业的老一代，还是改革开放后成长起来的或者是今天从四面八方汇聚到这儿的年轻一代，他们在谈起老书记的政策水平和处变不惊的能力时，总有一种发自内心的敬佩之情，甚至到了某种崇拜的地步："老书记说对的就肯定没错，因为他对政策的理解能力都比我们高，都比我们准确。"这是实话。

→ 不做"皇上"做公仆

★★★★★

党的"十五大"后，中央根据当时国家经济发展中出现的一些情况，做出了"抓大放小"的战略调整。一时间，上上下下、各条战线立马"呼悠"起一阵对那些丧失活力、效益乏力的小单位、小企业进行"转制风"，在苏南地区更是刮起了一阵欲将"半壁江山"的乡镇企业"全盘转制"的狂澜。当时华西也有一些效益并不太好的企业，有人便进言吴仁宝：干脆借机把这些企业"放"了算啦! 吴仁宝摇头，说：华西村的每一个企业、每一块砖瓦，都是全村村民的，我们没有这种权利"放"。我们能有的只是责任，是把这些效益差的企业扶植好的责任。在吴仁宝的这一思想指导下，华西村借"十五大"东风，在村企业集团范围内开展了一次旨在调整产业结构、狠抓企业效益为目标的"抓大扶小"举措，很快使得全村工业效益呈现"大向强走，小向优走"的全面健康发展态势。至2000年，华西人在吴仁宝的领导下，在仅有0.96平方公里的面积上，创造了50亿的工业销售额和5亿元的利税效益。党的"十六大"后，吴仁宝又对华西提出"科学发展，有效发展，创新发展，统筹发展"的新目标。具体落实在全村工业生产指标上，他和干部们制定的目标是：2002年完成60亿，2003年完成80亿，2004年完成100亿。结果由于大抓了"科学、有效、创新和统筹"发展的四大措施，生产效益不仅全面完成，而且出现了连续两年100亿元的年递增速度！

在一片欣欣向荣的形势下，吴仁宝却出人意料地提前两年将华西村的领航大权交给了年轻一代——过去他多次表示要干到80岁。交权的那天，他深情地对村民们说："没有吴仁宝，华西的明天定会更美好。"事实也是如此，新华西村党委班子以老书记为榜样，紧紧抓住执政为民和科学发展两大主题，他们提出了从今年起，要"努力一千天，创造一千亿"的新目标，即在今后三年内，每天全村要创造一个亿的产值，三年一千个亿！

这是多么了不起的数据。而他们仅是一群中国农民！一群由老共产党人吴仁宝一手培育起来的中国农民！

有福民享，有难官当。共产党人的先进性，在这一刻得到充分体现和升华。

在我们很小的时候，就羡慕共产主义社会，那时大人们告诉我们说：电灯电话，楼上楼下，那就是共产主义。等我们长大后，这些都有了，可是发现共产主义其实离我们还很远很远。即便是共产主义的初级阶段——社会主义，我们还仅仅刚刚跨入。于是我们有了许多疑惑，但我们仍然那么渴望共产主义……因为渴望共产主义，所以我们一心想建设好社会主义。这是所有共产党人共同的理想和事业。

但社会主义到底是个什么样？我们同样有许多疑惑，经过几代共产党人的不断探索和实践，在排除许多疑惑之后我们终于明白了一个最基本的道理：社会主义必须让人民富裕起来，富裕了的人民才有幸福可言。人民真正富裕了幸福了，那才是名副其实的社会主义。

走进华西村，我们最强烈的感受是：这里的农民真的是天下最幸福最富裕的人！他们住最宽敞、豪华的房子；家家停放着一至三辆轿车；吃，基本不用花钱；穿"仁宝"、"华西村"等自创的名牌服装；老人有丰厚的退休养老金；孩子上学全免费；每家每户少不了百万、千万的存款……这日子让美国、欧洲来的客人都异口同声：华西村的农民是天下最幸福的人。

"如果允许，我宁愿上这儿当一个村民"——这话，新加坡的客人说过，美国的国会议员说过，德国的政府部长说过。

2004 年，我国政府曾经宣布中国人均收入达到了 1000 美元，这一数据的诞生将昭示着中国从一个落后的贫困国家，全面进入了建设小康社会的历史阶段。当我来到华西村，才知道今天的华西村农民的人均收入其实已经超过了 8000 美元，如果再算上村里的各种福利补贴，他们的人均收入实际已超过 10000 美元。我们因此毫不见怪地在华西村随时可以听到建设"中康"奔"大康"的话语。

说这话最多的，还是老书记吴仁宝。

可以这样认为：而今的华西村已经基本全面"中康"。但明天的华西村的"大康"究竟是个什么样呢？或者说五十年后、一百年后的中国是个什么样？我希望能在已经走在别人前面几十年的华西村得到某种感受和体验，并期望从吴仁宝的嘴里得到答案。可是这位充满睿智的老人没有直面回答，却把我带到一排在绿荫花丛和小桥流水间巍然矗立的新建筑面前，兴致勃勃地介绍说：这 18 栋年底前竣工的"总统别墅"是以后让村里 80 岁以上的老年人轮流享用的。让村民享用"总统别墅"？我有些不解。

吴仁宝似乎看出我的心思，笑眯眯地解释：建"总统"别墅，一则是为了迎接更多的外国贵宾，二呢也想让华西村民们享受享受"我们所能想得到的世界上最好的物质文明"。

听其此言，我的脑海里突然跳出吴仁宝的一句名言：有福民享，有难官当。

华西村的农民福气太大，大到他们能享用到连我们一直生活在大都市的人也难有可能享用的居室内有游泳池的"总统"待遇！真正的总统生活其实并非一定是幸福生活的享受者——因为他们没有自由；而具有总统物质待遇的农民才是真正的享受者——因为他们可以自由自在地支配自己。吴仁宝一生都在追求一种境界，这个境界就是他要让自己的农民兄弟成为世界上最幸福、最富裕和最自由的人。为了实现这一境界，他把一个共产党人的执政理念和执政智慧全部贡献给了他的百姓……

"华西 398 号"是吴仁宝的家。如果不是亲眼所见，你绝不会相信在农民们享受天堂般生活的光景中，这位缔造中国富甲神话的"村主"竟然自己与老伴两人依然住在华西村 70 年代的旧楼里——听华西村民说，这样的楼现今多数租给那些外地来的"打工者"。

吴仁宝在"作秀"？一个大大的问号跃入我的脑海，但很快被否定了。

"老书记在 70 年代华西村成为'中国农村首富'时就给自己立下'三不'规矩：不拿全村最高工资，不住全村最好房子，不拿全村最高奖金。老书记的这'三不'他全做到了，所以我们现在过的生活越好，就越觉得对老书记过意不去……"村民黄永高——一个残疾的农民，他拐着双腿毫无顾忌地领着我来到他正在装修的新别墅，一边看一边跟我说着老书记的事。黄永高说他先前不是华西村的，是相邻的华明村人。他在 2 岁时从树上掉下来，摔断了腿，因为家贫没有钱治，结果落了个终身残疾。1982 年冬日的一天，靠修鞋维系生活的黄永高蹲在华西村一个厂子的门口给人修鞋，当时天下着雪，黄永高蜷曲着双腿，蹲在地上干活，那双缝鞋的手裂出一道道血口……

"小伙子，你叫什么名字？多大啦？"黄永高一看是华西村的老书记吴仁宝，赶忙如实回话。

"那你愿意到华西村来工作吗？我们正在建设一个宾馆……"

"我？能行吗？"

"我看行，你能吃苦。"

黄永高看着吴仁宝慈祥真诚的目光，不禁

热泪滚滚而下……从此黄永高这位残疾青年落户华西村。几年后，黄永高不仅有了自己的用武之地，而且还在 38 岁时与一位比自己年龄小的一位同在宾馆工作的四川籍姑娘产生了爱情。要结婚了，黄永高将喜讯告诉吴仁宝时，老书记欣喜若狂，亲自为黄永高操办了五桌酒席。之后，又给黄永高分了一套三层楼房。

"老书记对村民太好了！去年我退休时，他考虑到我儿子也上中学了，又给我调了这套 450 多平米的别墅……"黄永高为了让我感受一下老书记给予他的关怀，楼上楼下地带我好好参观了一番：好气派！地面是锃亮的大理石和进口木地板，铝合金钢窗闪闪发亮，全套红木家具和应有尽有的电器家具……你怎么也想象不出这是华西村一户收入相对属于中低水平的残疾农民的家庭。

"老黄，你可比老书记家的房子气派多了！"我一句随口而出的话，竟让黄永高泪流满面、泣不成声："是啊，老书记家的条件有我这三分之一水平就不错了，我一想这，就觉得特别过意不去……"

黄永高说的是实话。就在几小时之前，我进过吴仁宝的家，在那栋二层旧楼里，我印象中最深的有三样东西：一是满屋子的照片，那是主人在各个时期与党和国家领导人、地方领导人及外国朋友在一起的合影；二是四周破落的墙皮；三是那张如今很少有人家再睡的南方旧式木床。不用刻意描述，就这三件东西，便概括了主人吴仁宝的基本生活状态：

朴实无华，落后旧式，普普通通，与华西村民目前的生活水平差三个时代。

在常人眼里，吴仁宝是华西这个"天下第一村"的"皇上"，有巨大的权力，有无限的财富，有至高无上的威信，可吴仁宝没有当"皇上"，他只选择做一名为民造福的公仆。

→ ## 心系百姓

★★★★★

"人活着为了什么？活着的时候是得有点钱，享点福。可人不能仅仅只为了钱才活着，为了享福才掌权。为国家、为人民多做点贡献，这才是一名共产党员的责任。我的最大幸福和满足，就是想看到百姓的生活越过越好。"在华西采访的一个星期里，吴仁宝与我有过三次直面接触，而其中有两次他说过这样的话，这使我印象特别深。

在华西人过着天堂般幸福富裕的生活时，我们随便问一位农民，他们一谈起吴仁宝都可以给你讲一段关于老书记如何关心他们的感人故事，谈到动情处，总会热泪盈眶。村民们对吴仁宝如此深情，那么在吴仁宝心目中的老百姓又是怎样的呢？这是我非常想知道的事。

"给你讲件事吧。"一向笑眯眯的吴仁宝在我提问后，神情一下变得凝重起来，"那年组织上让我当江阴县委书记，我思想上没准备，感情上也不愿离开华西村。可这是组织的决定，我得上任去。那几天村上的人都想我这一走可能就永远不会再像以前那样天天跟大伙儿在一起了，他们以各种方式来向我道别，其中一个叫吴荷英的姑娘给我送来一双她亲手纳的布鞋时说了一句话特别让我感动，这孩子说：吴书记，是你的恩情给了我工作、给了我家，我们当百姓的什么都不盼，就盼你这样的干部不要离开我们，要不我们就没有好日子过了……当时我接过她送的鞋，又品着她的话，眼泪一下掉了出来。这孩子的情况我一清二楚，她小时候得了小儿麻痹症，走路只能靠拐杖，15岁了还只能在家吃闲饭。在农村，这么大的姑娘摊上个残疾身子，如果不能自立就一辈子只能过苦日子了。孩子的父母着急，我看了也难过，心想一定得让孩子有份事做做。后来我到镇上的一家皮带厂，请厂里的领导帮吴荷英找个皮匠师傅。人家答应了，我就摇船把小荷英送去了。一年后，我又把小荷英接回华西，让她进了村上的服务组，专为村民做鞋、修鞋、钉掌和补补缝缝。这孩子心灵

071

再造"天下第一村"

手巧，不仅村上的人喜欢她，连邻村的一个小伙子也看中了她，后来两人产生了爱情。小荷英结婚时，村上分了她一套新房，我还特意批准她的新郎贡祥兴到我们华西落户。现在吴荷英一家过着幸福生活，一儿一女都非常健康，上完中专、大学后又在华西找到了很好的工作，一家美美满满。小荷英的变化，和她送我一双鞋时说的话，对我触动很深，所以有时我常常在想，老百姓生活在最底层，他们的冷暖苦福，如果我们这些在基层工作的党员、干部再不去过问、再不去帮他们一把，那他们还会有啥好日子过嘛！老百姓过不上好日子，又要我们这些党员、干部啥用？所以说，是党员的、是干部的，你的全部责任归根到底只有一个，就是怎么让自己的人民和百姓过上幸福美满的生活。"

吴仁宝的话并不深奥，但却折射了深刻的马列主义、毛泽东思想和邓小平理论及"三个代表"重要思想的最核心和最本质的内容，即共产党人的全部责任，就是为了人民谋幸福。

华西村从上个世纪的 50 年代一直到新世纪的今天，在长达半个多世纪里之所以始终走在中国农村发展的前列，这里的老百姓能够过上今天最幸福富裕的生活，归根到底，就是领头人吴仁宝始终如一地把共产党人的这份责任扛在了肩上，并将自己的全部智慧和情感倾注在这份责任之中。

至此，我相信读者和我一样终于明白了吴仁宝为什么在全村人都早已住上第四、第五代别墅后，他仍然不肯搬出上世纪 70 年代盖建的旧房子，也明白了他为什么明明可以放进自己口袋里的 5000 多万奖金却一分不剩地全部留给了集体。

这是因为，他内心认为：百姓们的幸福生活还要继续提高，即便是"中康"、"大康"后，我们还有社会主义的高级阶段和共产主义社会需要我们去建设创造。

这是因为，他内心认为：共产党人和当干部的这份为人民谋幸福的责任永无止境，即使是自己的生命结束之后还有一个留给后代什么样的精神遗产的问题。

这是因为，他这样做可以为下一代全面富裕后的华西村的党员、干部们树立榜样，让他们明白严于律己、克己奉公、艰苦奋斗，是共产党人永远不能丢失的本色。

像毛泽东当年在西柏坡时就告诫中国共产党人进城后不要忘了艰苦奋斗、联系群众的教导一样，吴仁宝在华西村刚刚成为全国农村"首富"时就以自己的行动，为全村党员、干部立下一条又一条"规矩"，这些"规矩"其实是把共产党人的先进性用老百姓能听得懂、理解得了的通俗话语，在村民和世人面前做出的庄严承诺——

比如他早期所说的"三不"：不拿全村的

073

再造"天下第一村"

△ 老书记在看报

最高工资、不住全村的最好房子、不拿全村的最高奖金。这"三不"是当年吴仁宝给自己立的"规矩"，几十年来他全做到了。而正是他的这份无形的榜样力量，如今在村里担任重要职务的吴仁宝的几位子女也都做到了。2004年，他的二儿子按照承包责任书所规定的个人效益奖金达近亿元，但他最后只拿了一个零头，几千万元奖金全部归到了集体。有人做过不完全的统计，仅吴仁宝一家，在近五年中，光他们应得的个人效益奖金归给了集体的数额至少有两三亿元之多！华西村民知道，凭吴仁宝的能力和知名度，他完全可以将自己祖孙三代的整个家族迁移到"深圳上海"或"漂洋过海"，但吴家26口人至今全部留在村里，就连吴仁宝的孙女婿也从日本留学后回到了华西。

比如吴仁宝为了告诫党员干部们（包括富

裕了的村民）要树立正确的人生观，他把自己一句常说的话，刻在村头最醒目的地方。这句话如今不仅成为村里党员干部们的座右铭，就连普通村民也能熟记熟背："家有黄金数吨，一天也只能吃三顿；豪华房子独占鳌头，一人也只能占一个床位。"

比如他要求党员得有"党心"、"公心"和"良心"。这"党心"就是党的先进性和原则性，就是为人民服务要全心全意。在"为官之道"上，吴仁宝以"办事认真，处事公正，经营廉政，百姓信任"为原则，他给自己的日常生活约法"三章"：一不沾酒，二不陪客，三不上群众家饭桌。

在华西村采访时，有一位地方领导曾经对我说了这样一句颇为耐人寻味的话：吴仁宝能把华西带成今天这个样，有其两大原因，一是他从未离开过华西村，二是他的心全部留给了这里的百姓。

在这句朴实的话背后有着丰富的内容：作为一个全国著名的村支部书记,用吴仁宝自己的话说,他是"大代表、中代表、小代表"都当过,"小劳模、中劳模、全国大劳模"也都当过,可就是一样他始终如一,那便是无论在怎样的情境下他都没有离开过华西村。即便是在当县委书记的五年里,除了继续兼任村支部书记外,每年他给自己规定的不少于100天的劳动时间里,多半是在华西村。至于村里有事,起早摸黑赶回华西处理更是"家常饭"。这也正是那年他意外落选党代表、从县委书记的职务上能够很自然地重新回到华西村、心甘情愿做一个农民的原因。

→ 有福民享，有难官当

★ ★ ★ ★ ★

吴仁宝如今已是年近 80 岁的老人了，可华西村许多人跟我说：老书记的精神状态和工作干劲却始终像小伙子一样。他每天依旧四五点钟起床，然后开始"走村串厂"，一直到傍晚九十点钟才回家。

如果遇事开会回家就更晚。老伴怕他年岁大了，起早摸黑会出意外，所以总想跟在他后面"盯"住他，可最后准是连个人影都找不见。村里后来派一位年轻人"盯"他，结果被甩掉的还是那位年轻人。

"老书记的脚步，谁也赶不上。后来我们只好随他去……"村办公室的秘书告诉我一件非常有趣的事：吴仁宝管理的华西村如今早已是个庞大的工农文政一体的联合体，用日理万机来形容当家人的工作一点不夸张，可这位秘书告诉我，吴仁宝从来没有过自己的办公室。"工厂的车间、农村的田埂、托儿所的小板凳和农民的家里，就是他的办公室。老书记处理事情都是在现场，几十年如一日，因此养成了他从不要固定办公室的习惯。"

"那保镖、秘书呢？"似乎现今的一些"老大"都缺不了这些。于是我悄悄问。

"嘘！那是更不可能的事。"华西人嘲笑这样的问话。

我仍不死心，希望找到些"真实"的吴仁宝。机会有了，主人邀请我和几位陪同的当地领导同志吃饭，老书记说好是要来的。宴席比较丰富，老书记吴仁宝真的到场了，可他笑眯眯地拿着装白水的杯子过来跟我们一个个碰杯，然后抱歉地说：我不能破规矩，你们自己丰衣足食吧！见老人淡出宴席，感动之余我仍悄声问一旁的服务小姐：老书记在隔壁吃什么？

"一碗清汤面。他最喜欢吃的……"服务小姐脱口而出，然后示意我上那边的门缝往里瞧一下。我凑过去迅速扫了一眼，可不，老人正津津有味地吃着他的"清汤面"，桌上再没有其他任何碗盆……

吴仁宝的心全扑在了村子和村民身上！他风风火火的脚步，是华西村追赶时代的战鼓；他起伏不息的呼吸，是华西村民晨醒夜眠的乐章；他笑眯眯的神情，是华西村新的一天的幸福前奏……

华西村民在自编的一个文艺节目里唱出了他们对共产党和这位共产党的老书记的心声："老书记，是你让我们感受到了共产党的天大恩情，是你让我们坚定了走社会主义道路的信仰……"

"仁宝仁宝，国之瑰宝。风风雨雨，红旗不倒。""年近八十，日夜操劳。健康长寿，人民需要。"一位领导在参观华西村、听到村民们讲述"老书记"吴仁宝几十年来一心爱民为民的故事后，感慨万分地欣然挥毫写下这样的话。

而我在华西村的日子里，从百姓嘴里听到的有关"老书记"的一则则"有福民享"的故事，更是催人泪下——

那是 30 年前的事。村民孙良庆一家遇上了天灾，12 岁的儿子不幸溺水而亡。孙良庆夫妇哭得死去活来，怎么劝也不行。眼看着好端端的孙家要垮下了，村上人着急，吴仁宝更是苦思冥想。俗话说：堆山的黄金换不了一个儿子。孙家的事怎么处理，也让吴仁宝一时感到为难。怎么办？那些天，吴仁宝辗转难眠了好几夜……有一天早晨，他将准备上学的自家儿子送出家门后突然喊了一声："有了！"这天，吴仁宝来到孙良庆家，对孙家夫妇说："水流走了不能收回，人死了不能复生。你们别再难过了，你们不是缺儿子嘛! 我把我的儿子给你们。你们看哪个合适就挑哪个!"孙良庆夫妇一听惊异万分，说这哪成! 吴仁宝拉住孙家夫妇的手深情地说："不要客气。我家阿四跟你们的儿子年岁差不多，你们看成不成?""你要把阿四给我们呀? "这是孙家夫妇更没有想到的事,华西村的人都知道,吴仁宝最疼爱的就是小儿子阿四。"就这么定了! 从今天起，阿四就是你们孙家的儿子。我吴仁宝是诚心诚意的，阿四也会跟亲儿子一样地待你们，直到为你们养老送终……"

"阿四"名叫吴协恩，后来真做了孙家的儿子，并且十多年后又跟孙家的小女儿结成夫妻，成了孙家亲上加亲的儿婿。吴协恩现在是华西村的"一把手"，吴仁宝在几年前把华西村的党政大印全部交给了这位"倒插门"的孙家儿婿。华西村"新掌门人"对当年的事记忆犹新："从我记事起，父亲总是出力流汗在一线。他挂在嘴边的一句话是'做官就应该想着百姓'。几十年来，我真正在他身边只有十个年头，那年他把我送给孙家当儿子时，也是父亲一生中陪我时间最长的一天。至今我仍记得当时他再三叮嘱我，说你从现在起，就有两个阿爹姆妈，你首先要孝敬和照顾好的是孙家的阿爹姆妈……""阿四"吴协恩后来做得非常好，所以当他被推荐接替吴仁宝出任华西村"新掌门人"时，得到的是村民的全票赞成。

我们再来说吴仁宝，再来说他的"有难官当"。

吴仁宝是这样一个人：近五十年的"村官"生涯里，他把自己的人生追求锁定在"让百姓幸福，是我最大的满足"的目标上。而为了实现这一"满足"，他认为必须把"有难官当"的责任揽到自己身上。

这里的"难"，我的理解，它可能是创业的艰辛，也可能是创业的风险，还可能是创业成功后所要面临和处理各种非积极因素的能力。在所有的中国农民"精英"中，吴仁宝或许可以成为这种"难"的最多承受者——因为他主政的时间最长，他也是化解这种"难"的最智慧者和最聪明者——几乎没有一个"典型"和"精英"能像他五十年不倒，红旗一直迎风飘扬；当然他也是在这种"难"面前取得最大成功的收获者——他创造了无可争议的"天下第一村"。

今天的华西村，无论是党和国家的领导人，还是前去参观的普通百姓，或者外国元首与贵宾，人们异口同声地赞美她。这赞美的归结点自然而然会聚焦在创造奇迹的掌舵人吴仁宝身上。然而人们并不十分了解吴仁宝为之所付出的巨大心血和久经历练的一桩桩"难"事……

——创业初期，他的"做煞大队"名声差点让华西的一代年轻人断了姻缘，正因为他用一双坚定的脚板和一副"誓死改变旧貌"的肩膀，换得了"金凤凰"飞回新华西；

——"亩产吨粮田"的雄心壮志，却被人画成漫画，"吹牛大队"和"吹牛书记"的大字报贴满了村里村外。也因为他和群众用汗水与泪水凝聚了金色的谷山麦堆才把阵阵"妖风"吹散；

——五年县委书记，他呕心沥血，把江阴带向全国百强县之"老二"时，却因那股"农民政治明星们纷纷落马风"的惯性，使他的政治生涯坠入低谷，重新做起一介农夫。对此他淡然一笑：正好他离不开华西，华西也离不开他。吴仁宝还有一件不平事：1999年，选举全国人大代表，就因为他在外省贫困地区支持建立了多个"华西村"而得罪了本省某些地区本位主义的干部们，他又一次落选了本该属于他的荣誉——这一回吴仁宝更是淡然一笑：我已七十多岁，将有生之年全部奉献给华西百姓才是我吴仁宝的最大光荣。

古今中外，能成为一代伟人的人莫不是他们都具有超然的境界和坚定的信仰。作为农民政治家、思想家和实践家的吴仁宝，他的超然境界，来自于他为人民创造幸福和富裕后所获得的巨大的精神力量；他的坚定信仰，来自于他对中国农村情况的深刻了解和对中国农民所期望的美好前景的理解中的认定：一切当政者的基石，是建立在人民的支持与拥护上，而这才是最可贵与最可靠的。

吴仁宝无愧为国宝。他以自己的人生沧桑经历总结出的执政理念——"有福民享，有难官当"，折射的正是一个共产党人无私无畏的胸怀。

→ 华西上市

★★★★★

华西今日富甲天下，但华西的成功绝非上帝的恩赐，更非一帆风顺。如果说华西之所以没有像大寨、大邱庄那样的农业典型出现大起大落，一个不可动摇和不可否认的事实是：华西村的掌舵人吴仁宝，与上面两个典型的主要领导者相比，除了具有更高的政治智谋外，那就是他的内心世界比别人更深刻地懂得"官"与民的关系如何摆放的位置——在吴仁宝的眼里任何时候都是以民为本、以民为主、以民为上。

他因此立于不败。他因此成为从田埂上走出来的带着泥土味的伟人。

华西村的"难"真的很多。媒体和公众人物中人们常见的吴仁宝很潇洒，其实耐心走进吴仁宝的世界，你会发现他的"难"比谁都多——他脸上的道道纹路就是见证，只是他的这些纹路最终是以灿烂的笑容绽放给了人们……

60岁前的吴仁宝每天工作时间在十六七个小时以上，如今年近八十的他仍每天工作十四五个小时以上。用他自己的话说："一个人很难活到100岁，但却能为百姓干100年的工作时间。"

华西人对他们老书记的敬佩与敬爱，更多时候是在华西建设有难的关键时刻。老村民们都还记得："造厂"岁月里，华西村与某市羊毛衫厂的联营企业多年亏损，一时成了华西人的"心头病"，似乎谁也无计可施。村民和干部们眼盯着年过花甲的老书记。"这事还是我来料理吧！"70来岁的老人，担起这份千斤重担后，天天起早摸黑。有时为化解一个难题，半夜起床的吴仁宝竟会一连抽烟几小时，急得老伴不知所措。

"闷声大发财。"江泽民同志十分欣赏吴仁宝和华西村的致富之道，曾这样形容。而吴仁宝坦言：这"闷声"中常有惊涛骇浪。

90年代末期，华西村的发展如日中天，一个更大的宏伟设想在华西村的年轻一代管理者中间开始酝酿起来——

"老书记，我们华西村应该集中优势企业，争取上市！"

向吴仁宝提出这一问题的是当时主政华西工业生产的吴协东，他是老书记的大儿子。

吴仁宝瞪大了眼睛，目光带着少有的疑问，盯着大儿子，也盯着其他村干部："你们论证了？"

"论证了。凭我们华西村目前的企业现状和未来的发展，上市是一条必经之路。"

"噢？必经之路？可我们是村办企业，许多方面与现代化大型企业还有距离……"

"而通过上市，正好能促进我们的企业在这方面得到完善……"

吴仁宝抬头扫了一眼自己的部下，他们都比自己年轻。"我——考虑考虑。"吴仁宝紧锁眉头，神情凝重地起身离开了众村干部。

"坏了，老书记反对我们搞上市呀！"有人着急起来。

"不用怕，我们把上市的认证和理由再准备充足一些，到我们正式讨论时可以向他再进一步说明嘛！"说这话的是吴协东。

几天后，关于上市决策的表决开始。当时在家的共 12 人，"一把手"吴仁宝如期到会。会场非常严肃，因为事先村干部们知道一向定乾坤的老书记态度依旧。

表决开始：11 人举手赞成，1 人反对，反对者正是吴仁宝。

少数服从多数。华西村历来如此。可老书记的这一张"反对票"分量很重，众干部无论出于什么原因考虑，他们还是特别想听取他的"反对意见"到底是什么。

　　"华西村在全国人民心目中有地位，我们上市必须做到三点：股民满意，村民满意，华西村的牌子不能砸。现在你们说，我听着……"吴仁宝点上烟，一脸严肃地盯着众干部。

　　会场一时沉默。半晌，有人终于带头发言："好吧，我们就说说上市的好处和理由……"

　　于是，你一言我一语，一场"上市"的争辩在华西村的金塔会议室热火朝天地"烘"了起来，一直延至数小时……

　　"老书记，该听听你的意见了！"干部们的目光一齐投向吴仁宝。

　　此刻的吴仁宝，一改方才的严肃神情，又重新恢复了他平时笑眯眯的神态："首先我想说明一下，这几天我一直对上市持'反对意见'，其实并非我原本心意。我的真实心思是，华西的企业是我们农民办的工业，到底能不能与那些上市的大型企业融入一条轨道，并且有更大的发展，这是我最关心的事。在决策上市这样的大事时，我想听到大家的真实意见，所以我用了投反对票的方式来争取获得你们多方面的对上市的认证，现在我的目的已达到。我宣布：华西企业，要真正走出田野——上市啦！"

瞧这吴仁宝，他的"反对意见"也是为了获得更多的赞成理由啊！

1999 年 8 月 10 日，这个日子对华西村来说具有历史意义。当掌声和钟声响彻深圳交易所的那一刻，世界金融市场上迎来了一个令十亿中国农民感到自豪的新客人，它就是代码为"000936"的华西村股票上市成功：3500 万股的挂牌价 8.3 元，当日收盘时涨至 21 元！

上市是喜事而非难事，但上市弄不好可能就是最大的难事。

吴仁宝日后坦言：面对一些风险大的难事，做领导的就得有勇气去担当，这是一个共产党人能否为人民谋幸福谋富裕的起码素质。

华西走向世界

→ 为了明天，让位年轻人

★★★★★

2003 年对华西村来说，又是一个历史性的时刻。"七一"党的生日期间，华西村召开了第六届村党代会，经吴仁宝本人提议，他把当了48 年华西村"一把手"的岗位，留给了 39 岁的年轻人，自己则退居华西村总办主任和集团公司副总经理的"二把手"位置。

一个中国行政级别最小的官儿——村支书的退位，却引发了国内外几百家媒体的报道。吴仁宝的"退位"一时激起千重浪! 这当口有两个问题：一是中国的官员一般只往上升，不往下降，尤其是"一把手"极少主动退至"二把手"位置。吴仁宝自己说："这是又一种'有难官当'。我早先说过，干到 80 岁，可 2003 年华西村当时的形势非常好，我来了个急流勇退，一则是希望我不在糊涂的时候交权，二则是想破一破'一把手'不能退为'二把手'的先例。我在华西村干了48年，不用自己树碑，群众也会有眼睛的。通常情况下只要我本人不言退，也许可以在'一把手'的位置上一直干到闭眼那一刻。但这实际上是给后人和整个华西村的事业留下一个很大的难题。对一个可能是功绩无量的人来说，他能不能自觉地、真心实意地把这样的难题由自己去解决好，其实也是考验共产党人彻底的无私精神。"

吴仁宝在他晚年的时候，又一次以自己的行动，让人们体味到他这位老共产党人的崇高胸怀。在解释自己"为什么不全退"时，吴仁宝再一次申明："我身体好，经验也多一些，华西村现在正是一步几个台阶的高速发展期。作为一名老党员，一名与华西村同呼吸共命运的老村民，我仍然想为百姓做些力所能及的事。"

一头黄牛拉犁，日耕百亩，我们可以称之伟大；而一只蚂蚁，以千日之功啃下大象骨头，同样是伟大之举。吴仁宝的人格力量，正是我称道的这种具有蚂蚁啃骨头精神的伟大！

这就是吴仁宝：78周岁的一个老人，依旧天天四五点钟起床便开始"走村串厂"，一直到傍晚八九点钟回家，村子里能揽的事他照样事无巨细地负责到底。

"二把手"的吴仁宝，在村党委新班子上任后做了两件事：

一是建议"一把手"带领全体新班子人员借上京城开会之际，到人民英雄纪念碑前向革命烈士宣誓。"革命先烈为共产主义事业，头可断，血可流，我们建设社会主义更美好的新华西，就要而今迈步从头越……有福民享，有难官当! 奋力冲刺今年100亿，夺取明年200亿! 苦战三年，拿下可用资金50亿! "阳光明媚的天安门广场上，吴仁宝又一次站在华西村众干部的最前面，高高地举起右拳，以一个共产党员的坚定信仰，引领华西村的年轻一代领导者，擂响了新时代的战斗号角。

当年吴仁宝从县委书记位子下来后，曾带领百名村干部在南京雨花台雨中宣誓，如今在天安门广场的人民英雄纪念碑前的宣誓，与十八年前的那次宣誓已今非昔比。此时的华西用一位中央领导的话说，就是"好得不得了"，可吴仁宝并不这么认为，就在别人都在高唱"大华西"时，他提出了"现在华西要小"的理念。

这便是他当"二把手"后所做的第二件"难"事。

"我国已经加入世贸组织，产业结构调整势在必行，迫在眉睫。我们要想抓住机会再上台阶，眼下最要紧的是掌握'三车原则'……"班子会上，年轻的新成员们围聚在老书记跟前，听他的神机妙算，"这'三车'是，现有的企业要开稳车——开足马力，狠抓效益；已投的新项目要开快车，早投产；未上的项目赶快急刹车……"

"有这么严重?"

△ 新老书记在一起

　　"听老书记的没错。哪回他的决策出现过岔子？"

　　吴仁宝摆摆手："错了，哪回都不是我的英明，是中央政策的英明。你们看着吧，不出几个月，中央的宏观调整就会出台……"

　　果不其然，在华西按照吴仁宝的建议，迅速对集团企业进行"三车战术"大调整之后，这年11月，中央的宏观调整政策出台，不少盲目追求规模的企业和地区因原材料价格上涨等因素出现了全面衰退的被动局面。可华西村的工业企业由于下手早，丝毫未因中央的宏观调整产生消极作用，相反他们借着此次宏观调整的有利时机，瞄准那些与市场对路的产品，加足企业马力，使集团当年的经济效益飞速上升，大大超过了年初确定的 2003 年全村工业总产值 60 亿的目标，首次达到 100 亿元。正因为吴仁宝能在重大的历史转折关头，见难勇当，智谋除难，使得华西村近两年的发展速度均以年增长 100 亿元递增。1985 年，吴仁宝为"苦战三年，目标亿元"而带领百名村民骨干在南京雨花台前盟誓的十八年后，华西村一年的经济效益就是当年的一二百倍！也就是说，如今的华西村，每年都在创造一百个以上的新华西！

正是这样的积聚，华西村才有今天令世人感到羡慕的幸福与富有。也正是华西村百姓的如此幸福与富有，吴仁宝在接受媒体采访时能坦然地直面关于华西村是否有他吴氏"家族制"问题并能这样回答："确实，在华西村的 32 个正副书记中有我吴仁宝家 5 个子女。但我想告诉大家的是，他们能当书记不是我的指定，他们都是通过数十年的工作，在取得群众公认的基础上，又经过党代会选举和上级组织考察批准后才当上书记的。不错，我吴仁宝家的子女确实在华西村都是官，但他们不是为我吴仁宝家做官，而是为华西村百姓在做官。有人曾经怀疑华西村那么大的家底，是不是都掌在我吴家的手里，恰恰相反，我要告诉大家的是，在华西村的历史上先后有 6 个人当过主办会计，但没有一个是我吴仁宝家的。华西村的账，从 1961 年到现在的 45 年账目，都可以公开给世人看。可以这么说，如果在华西村有我吴仁宝这个家族的概念，那么我想告诉大家的是，吴仁宝家的人都在为华西村的百姓做事，他们以自己的党员身份，在不断实践共产党员先进性中为自己的乡亲们贡献着每一天，创造着每一份财富。华西村有今天，与我家的这些子女们的心血和汗水分不开。我想假如中国有更多的像我吴仁宝这样愿意而且能够给百姓带来幸福和富裕的家族的话，我们全中国的百姓日子一定会比现在好得多，我也因此会感到无比欣慰……"

吴仁宝的这段话是在中央电视台"新闻会客厅"中说的，他能面对十三亿中国人如此不加掩饰地袒露心声，没有共产党人光明磊落、无私坦荡的足够底气是绝对做不到的。

有一位参观华西村的外地农村干部，在惊叹这儿的百姓与干部那么融洽团结奔富裕的景象后，找到吴仁宝，问他"为什么你这儿这么好，我们那里就搞不好"时，吴仁宝反问："你当了几年村支书？"对方回答："3 年。"吴仁宝笑，说："如果你当满跟我一样 48 年的书记，你那儿也一定很不错的。"

是啊，在人民当家做主的天下，假如一个领导者能在岗位上像吴仁宝一样执政近半个世纪，如果他无所作为，如果他不能为百姓谋幸福，相信他无法主政如此长久的时间。吴仁宝说得好："我们华西村的党员、干部数年来坚持'有福民享，有难官当'，其实体现的就是'权为民所用，情为民所系，利为民所谋'的立党为公、执政为民思想。党员干部能够做到战胜困难和艰苦奋斗于人民群众之前，享受和享福于人民群众之后，老百姓就会和我们站在一起，同心同德挑担子，那么什么样的人间奇迹都有可能创造。"

→ 世界眼中的华西村

★★★★★

看一看华西村的今天，我们感受到的这个人间奇迹发展的原动力也就在于此。

吴仁宝的"不老"秘诀：关于富裕和共同富裕的理念。

每一位到华西的中外人士，最惊叹的是：实在想不出当今世界上还有比这里的农民更富裕和幸福的人了！住的宽敞高档——每户 400～600 平米的别墅；吃的健康绿色——而且基本免费；穿的漂亮时尚——即便是老年人，他们身上的一套"仁宝"毛料衣服价格也都是一两千元；用的现代超前——你城里人都敢说"轿车要买不带盖"的吗？"不带盖"的是什么跑车噢！

1998 年，当时的江泽民总书记来华西视察，他走进农户，漫步绿色田野，登高眺望鳞次栉比、造型别致的别墅群，连声赞叹：华西人民幸福！幸福！真幸福！

那是七年前的华西，七年前的华西综合经济实力还不足今日华西的十分之一。我想，假如江泽民同志今天若能再到华西看一看，那他可能会这样赞叹：华西人民幸福！幸福！太幸福了！

华西人民确实太幸福了。这种幸福是实实在在的，看得见的，是洋溢在每一个华西村民脸上的，是光照我们这个时代和民族的。同时也让当今世界上的很多国家的人士敬佩与羡慕——

在华西采访时，巧遇一群美国游客，他们兴奋地告诉我："华西这样的社会主义，我们也要！"

我们知道，近年有本美国人写的书叫《重新发现中国》，在国际上影响很大，那书中写到华西村时有这样一句评语："华西村是中国的新加坡"，并称吴仁宝是"中国的李光耀"。我们还知道，五年前就有一个日本访问团到华西村参观后这样说："华西农民的住房面积、拥有的车辆、家用电器等都已超过美国、新加坡和日本了。"

村党委分管宣传的孙海燕给我讲过一个非常有意思的故事：几年前中国民间组织了一个百对金婚老人"韩国观光团"，吴仁宝夫妇作为特约嘉宾被邀参加。这消息被韩国总理得知后，非要见一见吴仁宝。可按照日程安排，吴仁宝他们第二天就要离开韩国。"不行，我的国务会议可以停一下，但中国的吴仁宝先生我一定要见一见！"韩国总理知道自己预约的会见时间与吴仁宝他们回国的时间发生冲突时如此说。于是唯一可能的会见时间只能是在第二天一早吴仁宝他们离开韩国前的那一个小时。为此，韩国总理真的特意停下正在主持的国务会议，专门将吴仁宝接到总理府。韩国总理把能与"中国奇人"吴仁宝见一见视为"不可多得"的机会，最后他满意而开心地与吴仁宝进行了长达几十分钟的亲切会面。

正如一位德国政要所言："华西村的富裕，让我们亲眼见到了马克思早在一百年前所畅想的那种共产主义社会和社会主义社会的真正富裕。"

关于富裕，各个时代和各个国家的人都有不同的理解。不过，所有到过华西村的人通过对这儿的观光和认识后所产生的富裕概念，通常能得出一个共识，那就是：华西人的富裕确实是真正的富裕，因为它包含了物质和精神的全部方面。而这，也正是吴仁宝这位老共产党人坚守的创富理念。

在华西，你可以在许多地方听到那些牙牙学语的孩子或者鹤发童颜的老人，不时地振振有词地背诵着《十富赞歌》：

智能富——学文练艺成才富

勤劳富——爱岗敬业辛劳富

节俭富——精打细算聚财富

守法富——遵纪守法健康富

守信富——恪守信用客多富

团结富——家族和睦同心富

帮带富——邻里相亲互助富

育才富——育好后代子孙富

集体富——巩固集体共同富

△ 老书记与周边村民在田间亲切交谈

爱国富——国家强盛安定富

吴仁宝绝对是个"田野学问家"，他的语言概括能力和表述能力堪称大师。

农民喜欢他编写的这些朗朗上口、通俗易懂的顺口溜。与《十富赞歌》相配的还有他亲自编写的《十穷戒词》：

逐渐穷——多因放荡不经营

容易穷——家有钱财手头松

懒惰穷——朝朝睡到日头红

无才穷——不学无术人无用

心散穷——家族不和常内攻

受骗穷——不识良朋钱骗穷

违法穷——违法贪财进牢笼

无度穷——浪吃浪用山要空

失算穷——算计不好一世穷

三害穷——嫖赌吸毒彻底穷

不难看出，今日华西村的富裕，是建立在吴仁宝按照马克思主义、毛泽东思想、邓小平理论和"三个代表"及科学发展观的基础上，具有鲜明的中国社会主义新农村特色的富裕理念。"艰苦奋斗，团结归口，服从分配，实绩到位"这十六个字，是华西人用几十年创业的艰难历程，从一无所有到创下今天"天下第一村"的辉煌岁月中凝聚出的"华西精神"的核心内容。这十六个字集中体现了华西人的人生观、价值观，是建立"富裕华西"的根基所在。

早在华西村脱贫的上世纪70年代，吴仁宝就以共产党人的远大目光和唯物主义者的胸怀告诫那些日趋富裕的农民兄弟姐妹们：人早晚要死，生前积累再多的物质财富对死者来说毫无意义。因此人活着的时候，我们人人都有权利争取生活得更好些。但再好的生活也总是有限的，所以大家在一边创富和享福的同时要有"三不忘精神"，即不忘国家、不忘集体、不忘左邻右舍。正是基于这种富裕理念，吴仁宝才把他心中期望的中国农民的幸福、富裕人生观——"一人富了不算富，全村富了才算富"的思想深深地烙印在每一个华西人的心目中。华西人也因此有了靠艰苦创业、靠勤劳俭用、靠知识才能、靠诚信守法获得富裕的基本行为准则。

　　每每参观者看到华西人拥有巨大财富，又过着无比幸福富裕且太平的好日子时，总有些解不开的谜要讨教吴仁宝：为什么也有个别地方、个别人的财富比华西人更多，可那儿的社会风气异常恶劣，有钱人也不能过安稳的日子？这时的吴仁宝总会笑眯眯地告诉友人一个"秘密"：因为华西村没有暴发户，没有贫困户，只有家家户户富。

这个"秘密"听来简单，其实折射的内涵无比丰富。这也是吴仁宝一生追求"为民造福"的基点，即社会主义的真正富裕必定是共同的富裕，共产党人要实现执政为民的最终目标就必须让所有的人民都富裕起来。而人民要实现自身的富裕与幸福，则需要建立在两个基本点上：领导人民的党员干部们的人生观与价值观和民众百姓自身的人生观与价值观。

华西村之所以了不起，他们恰恰是在这两个基本点上实现了统一和一致。在我看来，吴仁宝用近五十年时间所创造的具有中国特色的社会主义的"天下第一村"，其最有价值的并非是村民们人人都在享受的洋别墅、百万年薪、绿水青山、金塔观景，而是他精心培育和制造的华西人的人生观与价值观，亦可称其为华西人的幸福富裕观。

这是吴仁宝最具魅力的地方。

这是吴仁宝作为一名共产党人忠实履行党性的最具魅力的地方。

这是吴仁宝作为一个当代农民政治家可能实现一生辉煌的最完美的地方。

物质精神两手抓

→ 口袋富，脑袋也要富

★★★★★

任何一位伟人的伟大之处，在于他们不仅能提出伟大的设想，更在于他们把这种正确的设想变成现实。吴仁宝是普通人，一位个头不足一米七的普通农民，但他又是一位伟人，一位将马克思、列宁、毛泽东、邓小平等领袖们倡导的社会主义学说和共产主义理想，得以在华西村实践并走向成功——而在新世纪的这几年里，他把"三个代表"的重要思想及科学发展观的思想运用于华西村的发展实践之中，甚至达到了近乎尽善尽美的境界！

毛泽东说过：中国的问题，是教育农民的问题。我补一句：谁把中国的农民问题彻底解决了，谁就是中国最伟大的人。

毛泽东的伟大在于他把中国苦难的农

民带到了当家做主的新中国。

邓小平的伟大在于他把当家做主的中国农民带到了如何走社会主义的正确轨道上。

华西村的农民并不多，但他们走过的路就是所有中国农民都将要走的路。现在的华西村农民解决了今后几十年里中国九亿农民需要解决的问题，我因此有理由这样称道吴仁宝：他同样是位了不起的伟人！

你信与不信无关紧要，假如你有机会到华西走一走，再跟华西的农民们畅谈畅谈，或者有机会在那儿生活一段时间，那时你再重新检验一下我的话或许会觉得并非言过其实。

华西人形成的一整套幸福概念和富裕理念，是建立在吴仁宝几十年始终如一地坚持对农民们进行务实的不懈的思想教育之中。

比如他首创的"华西村精神文明开发公司"，专司全村的政治思想教育工作和精神文明建设职责，将教育农民的"精神活动"与抓经济中心工作齐头并进，在村委工作中建立和形成了"两个拳头"都硬的长效机制。

比如他亲自担任艺术指导的"华西村艺术团"，几十名队员全是专业演员，每年在华西村演出场次达300场以上。党的方针政策和村里的思想政治教育，在这里就是通过群众喜闻乐见的说唱弹拉形式和生动活泼的表演，被灌输到了百姓脑海里和日常的生活中……

曾经有位研究中国农民历史的学者说过：中国的农民可

以创造历史的辉煌，但中国的农民却很难创造长时间的辉煌历史；中国农民可以依靠智慧和勤奋获得财富，却难于让财富变成永远的幸福与富裕。吴仁宝也许没有读过这位历史学家的著作，但吴仁宝却同样懂得中国农民的优点和弱点。因此他认为：要让富裕了的农民能够保持长久的幸福、富裕和安定的生活，最关键的是让他们不仅"口袋富"，更重要的是要让他们"脑袋富"。

"口袋富"和"脑袋富"，是吴仁宝创造的中国农民"两富理论"，也是他在华西村成为"天下第一村"后始终高举的执政航标。

"口袋不富"，就别谈"脑袋富。""口袋富"才有"脑袋富"的基础。而"脑袋富"了，"口袋"才能永远地富。"口袋"和"脑袋"一齐富，中国农民们在建设中国特色的社会主义道路上才能不断朝着"小康"、"中康"和"大康"的目标步步登高。听吴仁宝的"两富论"，就像听一位大师的哲学课。

"脑袋富"，构建的其实就是精神世界。吴仁宝构建的华西农民的精神世界，是以"六爱"为准绳。这"六爱"是：爱党爱国爱华西，爱亲爱友爱自己。这"六爱"看则平常，但细细品味，内涵深刻而精粹，它包含了吴仁宝这位老共产党人多少思想与智慧的冶炼过程！

"华西村的农民不是天生比别的农民崇高，他们也有农民头脑中传统的陈规陋习。当经过艰苦创业后华西村富裕起来时，村里就有人曾经公开称我是'华西的太阳'、'华西的救

△ 吴仁宝

星'。我发现后立即严肃地批评和告诫大家：我吴仁宝算什么？我吴仁宝仅仅是干了党教育我应该做的那一点贡献而已！华西的一切，包括我吴仁宝的一切，都是靠的中国共产党。而且我反复告诉村民们，没有共产党，我吴仁宝这几十年只会改一个字，那就是当年我是放牛娃，现在我是放牛翁。我之所以这样告诉村民，就是让大家在任何时候都不要忘了华西村所取得的任何一点进步，积累的任何一点财富，都是在党的领导下实现和成功的。新中国的农民要实现真正的永远的幸福和富裕，就必须把爱党放在首位，它也是我们所倡导的'六爱'的灵魂与核心。"吴仁宝坚定而有力地挥动着拳头，我看到在他身后是一面闪闪发光的红色党旗……那党旗，在这位老共产党人心目中是一个不可

物质精神两手抓

动摇的信仰；这信仰，在日久天长的一次次雨露滋润下成为每一个华西村民心目中的信仰！于是，爱国，也就变得自然了。任何一个民族的百姓如果不爱国，就不可能获得应有的幸福和富裕。因为华西人最明白：他们创造的所有财富与这个国家和民族的命运是始终关联在一起的。没有"大家"的安宁与美好，何来"小家"的欢笑与歌声？

不用说，"爱华西"是华西人自己的本分，一个不爱华西的人怎能成为华西人？华西村从吴仁宝这一代起，爱华西成为每一个村民们凝聚团结战斗的力量源泉和同心同德奔富裕生活的精神支撑。吴仁宝告诉我，他如今快八十岁了，他现在越发最满意的一件事是：村上走出去上大学、出国留学的年轻人，无一例外地全都回到了华西。"我们华西村赚得最大的'买卖'——是我们培养了自己的一代大学生、留学生，结果他们现在学业完成后不仅自己回到了村里，而且大多数还带回了一个……"吴仁宝说的是这些华西村年轻人，他们在回到村子时，也将同样高学历的未婚妻、未婚夫或者已经是爱人的"另一半"也一起带了回来。

"你说是不是我们赚大了？"吴仁宝对此实在喜形于色。

正是这种充满感情和希望的"爱华西"教育的深入人心和广为传播，如今从全国各地飞往华西村的"金凤凰"（大学生）达2000余人，而且每天每月仍有数不清的"金凤凰"飞向这里……华西正是依靠这些本地长大的和外面飞来的"金凤凰"，在充满希望和活力的快速道上朝着多元的、现代的、健康的、科学的发展方向越走越快，实力提升得越来越快……"外国人弄不懂我们华西村的农民为什么有那么多的高水平、掌握先进科学技术和生产经营管理本领的人才，他们哪里知道，我们今天的华西村民早已不是那些只会挑担锄草，只会面朝黄土背朝天的农民了，他们有北大清华的名牌大学毕业生，有留学日本、德国回来的硕士专家……拿我们的外贸公司来说，90%的工作人员都是大学以上的水准，别看他们人在我们田野里的村庄，可他们每天的工作是通过网络和电讯与世界各地联在一起呢！"在去新建的一排"总统别墅"的路上，吴仁宝指着从他身边走过的一群朝气蓬勃的年轻人对我说。

就在这时，我遇见了"华西村的郭凤莲"——赵毛妹。这位曾经与吴仁宝并肩战斗叱咤风云的铁姑娘队队长，现在已经到了华西村民退休的年龄（女 50 岁），可赵毛妹说她身体好，所以还在村里的旅游公司"帮忙"。"老书记对我们这些参加创业的老一代村民特别照顾，退休发一份全工资，你如果身体好，还可以反聘到村集团公司某个单位做点事。我在任时抓过旅游公司，所以现在还在那儿干点事。

你是北京来的，听听我的外语怎么样……"快言快语的赵毛妹叽里咕噜立即从口中吐出一串旅游英语。

"比起村上的人，我算差的呢！"赵毛妹说。

我相信她的话，因为吴仁宝对村民的文化教育和素质提高，从 60 年代他刚当村支书那会儿就已经十分重视。而当华西村富裕后，他把抓村民知识教育的提高纳入到了"爱华西"的重要内容。孩子从小学到中学实行的是全免费教育，村民和老人可以参加各种培训班和业余学校。所以现在的华西村民能说外语、冷不丁拿出个留学毕业证书给你看看，是太自然的事。

我还知道，吴仁宝从 80 年代初开始当第一位"外来工"进入华西村后，他就把"爱华西"的教育，扩展到凡是在华西村工作的所有人。"我们华西村没有'打工仔'、'打工妹'一说，我们有句话很流行：到了华西村，就是华西人。"当年怀揣 300 元盘缠来华西打工的小青年，如今已经是华西村党委副书记、年薪和奖金能拿 150 多万元的孙海燕谈起这方面的事，格外激动："在我们华西的外地务工者，可能是全世界最幸福的，因为老书记从来不把他们看作是外人，他也要求华西村所有的村民都要像对待自己的家人一样对待这些外来务工者。每年在我们华西最热闹的一次活动是由老书记主持的'千张桌，万人宴'。顾名思义，就是我们要摆上一千张桌，由一万人参加的大宴会。那场面确实气派，确实热闹，也确实感人。一千多张桌子啊，一两万在我们这儿的务工者参加的宴会！想想看，国家总理所主持的国宴才有多少人嘛！"孙海燕说你何作家要是有机会参加一下华西村的"万人宴"，一定会产生不同凡响的灵感。后来我看到了纪录"万人宴"的照片，其场面确实壮观。

有个数据告诉我，现在华西村工作的外地人达两万多，他们同样以"爱华西"的精神为华西创造更加富裕的新华西，同时也每年从华西村赚回三个多亿的工钱。

在吴仁宝口中，经常能听到他讲的一则非常有趣的"华西村买官"的故事。说的是一个叫杨永昌的人，此人原来不是华西村人，干个体户，脑子灵活，经营能力和经营效益都不错。到华西村前，已经自己能每年盈利100多万元了，在当地也算个有点名气的小老板。1997年杨永昌到华西投资办个体企业，三四年后他的年收益已达到四五百万元。可是钱越赚得多，杨永昌想当"华西人"的念头越强烈。2002年他以参股的形式，把自己几百万元的资产全部奉献给了华西村，终于实现了当华西人的夙愿。杨永昌成为华西人后，由于他勤奋工作，又在经营上有一套，很快被吴仁宝和华西村党委看中，让他担起了目前占华西工业集团三分之一总资产的华钢厂总经理。杨永昌不负众望，使这个钢厂的效益直线上升，每月都能为华西村实现可用利润3000多万元。杨永昌从一名"外来个体户"，到如今成为名副其实的华西人，而且成为执掌"天下第一村"最大企业的华钢"一把手"，还身兼华西村党委副书记等要职，吴仁宝因此笑言杨永昌的"官"是买来的，"他用自己几百万的个人企业资产和每年对华西创造几个亿利润的贡献'买'来的村官！"采访杨永昌时，我才发现这位"买官"者确实非常有才气和悟性，更令我意外的是农民出身、干过十几年个体户的杨永昌还有很让人敬佩的思想境界，他说："我当时花10万元买个华西户口，绝对不是为了赚更多的钱，就是觉得当华西人自豪、提气。后来我把个人企业转制给了村里时，又有亲戚说我傻，说人家公的都转私了，你倒好，将私的转公了！但我觉得过去干个体户就像划着一只在风浪里漂流不停的小船，华西村则好比是只大船，它在吴仁宝老书记的掌舵下，行驶得稳当又快速。我个人的价值要想更好地体现，就必须跟着这只大船走。特别是到华西几年里，我亲眼耳闻目睹老书记全心全意为人民谋幸福的无私行为，所以我想自己是个年轻人，要向老书记学习，也应该像他那样多为社会担点责任。"

像杨永昌这样的能人，后来成了华西的主人为数并不少，他们的共同特点都是因为被"华西"和老书记吴仁宝的魅力所吸引。

曾有人对吴仁宝说：有了爱党爱国爱华西就可以保证华

西长富了，又何必再要添"爱亲爱友爱自己"呢？吴仁宝对此恰恰认为，如果光讲爱党爱国爱华西的"大道理"，不讲"爱亲爱友爱自己"的"小道理"，那华西的农民就无法实现和保证"共同富，健康富，长久富"的社会主义幸福生活的最终目的。"我们华西村不培养那种不讲良心、没有亲情的人。对普通农民、平常百姓来说，树立他们的自尊自立自强自爱意识有时比什么都重要。我们华西不是生活在与世隔绝的地方，周围都是农村。我们华西村的农民能不能保证富了以后不去触犯法律、不被社会上的那些歪风邪气和社会陋习沾染，这是谁也说不准的事。而农民一旦沾上那种毛病，再富又能富得了几天？所以'爱亲爱友爱自己'，尤其是'爱自己'这一条特别的重要，它是我们实现共同富裕、健康富裕、长久富裕的基础，像金塔的塔基，一定要夯实！"吴仁宝给我讲起了村上一笔一直没有发出去的"特别奖励金"的故事——

80 年代始，销声匿迹的赌风又开始到处横行。华西村民中也有人"小弄弄"（搓麻将搞小赌），还出现过一位创业功臣孙某某到外村赌博的事。吴仁宝最担心富裕起来的村民沾染黄毒赌，一旦沾染上了就等于患了瘟疫，再富的天堂也会被穷光。为此，吴仁宝挥泪斩马谡，重罚了与自己并肩创业的孙某某四个月退休金。同时多次登门做思想教育工作，帮助认识赌博的危害，直到孙某某自己彻底省悟为止。

可没过几天，在华西村邻乡又传出"华西村不赌是假的，吴仁宝也在赌"的话。"说我赌你们信吗？"吴仁宝在村民大会上反问大家。后来调查证实，有人为了自己想赌，就放言"吴仁宝也在赌"的话，目的是想在公众中造成"吴仁宝能赌，我们也能赌"，从而以假乱真。

这天，吴仁宝悄悄找来副村长，对其如此这般一番耳语。"好嘞！"副村长欣然受命。于是第二天早晨，在华西村邻近的几个村子和市镇上贴着一张张醒目的《通告》，落款是"中共华西村委员会、华西村民委员会"。《通告》内容这样写着：

赌博是一种违法行为。经村党委和村民委员会研究决定，请兄弟单位对华西人监督，凡发现华西人在本村或外村赌博者，均要举报。举报准确者，一人一次奖励1000元，当场兑现，并给举报者保密。凡发现华西人搞迷信活动者，也适用于上述规定，举报一人次，奖励500元。

此通告自公布之日生效。

"嘿，华西村就是不一样！悬赏捉拿自己村的丑事，这吴仁宝抓经济有套套，你瞧他抓精神文明更有新招数！"《通告》激起周围乡村对华西村和吴仁宝的一片赞赏和议论。

一星期、一个月过去了，没有一个举报人出现。一年后，人们发现又一份出自华西村的《通告》贴在外面，上面这样写：

关于检举华西人参赌得奖的补充通告

过去，华西为禁止赌博，曾在四周村镇贴过通告：凡发现华西人参与赌博，一经核实，奖励举报人1000元，至今未有人领过这份奖金。为防止今后可能有个别华西人参与赌博（男60岁、女55岁以上的退休老人娱乐性活动除外），自即日起，凡检举揭发华西人参与赌博，一经查实，奖励举报者人民币10000元，并为举报人保密。

特此通告。

华西精神文明开发公司

1994年7月17日

"这份《通告》后来还堂而皇之地登在了《江阴日报》的报眼上呢！"孙海燕告诉我。

"后来有人领过这10000元的奖励吗？"我问。

"没有。老书记提议专设的这个奖已经十余年了，一直没发出一分钱。"孙海燕似乎有些"遗憾"地笑着冲我说。"10000元奖金当时真吸引了不少外村人，据说有人专门整天在四处寻找看看到底有没有我们华西人参加赌博的，结果他们很失望……"

"我想肯定又是吴仁宝书记的一个招数：他让外人给华西人当义务监督员！"

"对对！"孙海燕和我不约而同地大笑起来。

吴仁宝就是用"口袋富，脑袋更要富"的"两富论"，成功地教育华西人避免了农民们易犯的"小富即安、不思进取、财大气粗、目无法纪"等陋习和毛病，家家户户都成为"口袋越鼓，脑袋越求进取"的新型农民家庭。这也正是吴仁宝能使华西村几十年红旗不倒的最大贡献点。

但吴仁宝心里明白，农民的素质和农民教育问题能否得到提高，关键是领导和影响这些农民的村干部。几乎可以这样定论：自中国有农民史以后，无不因为农民领导者的自身素质问题决定其成败得失。吴仁宝因此在狠抓村民思想教育的过程中，始终把强化村干部的教育工作放在最重要的位置，而且他所采取的方式方法也颇为特殊。比如在华西村我看到两件事印象特别深：

一是现行的华西村党委组织结构。通常一个党委会，书记和副书记，下面就由几个委员组成。书记作为一个班子的"班长"负有全责，权力自然也很大。然而在华西村情况不是如此。村党委书记、副书记之上，还有一个"常委会"。

"我们在书记、副书记同级还设立了一个 21 人的常委会，目的就是为了支持和监督正副书记工作。在农村基层组织，一些地方容易出现什么事都是书记、副书记说了算，有的更是书记一人说了算。在我们华西不行，重大问题，必须由党委或党委常委集体研究决定。这样可以避免那些在群众中威望越来越高的主要领导人居功自傲、专横跋扈，最后把好端端的旗帜给掀倒了……"吴仁宝对这一农村基层组织的创新做法颇为满意，"华西村几十年能够立于不败之地，我们的主要领导也没有出现'禹作敏现象'，重要原因之一，就是与这样的组织机制有关。"

第二件事是在"富得流油"的华西村，有一个旧窑洞。这个窑洞与华西村同龄，也许是今天唯一还能见得着的老华西村的一个旧物，华西人称它为"创业窑"，干部们还喜欢将它誉为"华西工业的发源地"和"华西精神的铸造地"。那天我特意走进这个每年能吸引百万外地游客的"华西革命圣地"，看到狭窄的窑洞内有十几张木凳，窑壁四周挂着《延安窑洞放光芒》、《吕蒙正破窑攻读》、《薛平贵破窑接宝钏》、《包龙图破窑迎国太》等六幅与窑洞典故相关的"农民图"。村干部告诉我，华西发展几十年来，许多重要的决策、规划几乎都是吴仁宝带领干部们在这里做出的。

"老书记十分敬佩延安窑洞精神，他把华西的这一创业窑洞当作教育干部时刻牢记艰苦奋斗、永远保持谦虚谨慎的场所。从某种意义讲，华西村之所以能越来越富甲天下而干部和群众依然保持旺盛的向上精神，与这窑洞精神有着密切关系。每当村里需要做出重大决策时，老书记就会带我们走进窑洞。而每当我们一走进这里，再静静坐下来想一想、议一议，心态和处理问题的方式方法就很不一样了，就会有种饮水不忘掘井人和不断奋发进取、用更高标准要求自己的精神与心态……"一位村干部这样说。

片刻的窑洞感受，使我也相信了这位干部说的话。

那一刻，我的耳边突然回响起吴仁宝常说的一句话："华西村坚定不移地发展集体经济，目的就是为了让更多的人共同富裕起来，让已经富裕起来的人能够长久地、健康地、越来越好地富裕下去。这就是我吴仁宝一生的追求和愿望。"

➡ 争做华西人

★★★★★

有道是，一个人做好事不难，难的是一辈子做真正的好事；做一次先进不难，难的是一辈子都是真正的先进。当代共产党人的先进之处就在于始终能够走在时代前列，心里装着群众，胜不骄，败不馁，带领人民群众走上富裕，让已经富裕的人们不忘本，朝着更高的标准去实现更美好的幸福生活，同时力所能及地为实现"一村富了不算富，全国富了才是富"的社会主义大目标贡献力量。吴仁宝表里如一，以自己的模范言行很好地诠释了我党"立党为公，执政为民"的信仰，同时带领华西人民在中国全面建设小康社会的伟大实践中努力无私地奉献并实现着自己的美好人生。

原始的华西村只有0.9平方公里面积，如今华西村的版图已经达到30多平方公里。人口也由过去的1600来人，发展到现在的30000多人。"建设大华西，发展富华西"，这是吴仁宝"创富理论"在新的历史条件下的提升和发展，也是他毕生追求"共同富裕"的理想在实践中的可贵探索。

一位长期在华西村进行社会调查的学者有过一段很精彩的概括：

共同富裕是人类一直追求的美好理想。可沧桑变，乾坤转，一次次社会形态嬗变，一次次生产关系变革，都未能使这一美好的理想变为现实。莫尔的"乌托邦"，康帕内拉的"太阳城"，欧文的"新协和公社"和"皇后林新村"，无论理论的还是实践的，都在无可奈何中坍塌了！于是恩格斯大声疾呼："为了使社会主义变为科学，就必须首先把它置于现实的基础之上。"共同富裕是社会主义的本质规定。历史将实现共同富裕的大任降在中国共产党及其建立的社会主义制度身上！吴仁宝高擎共同富裕的旗帜，从华西走向邻村，从东部走向西部。他用行动在这面旗帜上写下了共同富先要集体富，共同富必须家家富，共同富更需精神富，共同富要先富帮后富等鲜明的观点并将其置于"现实的基础之上……"

早在 80 年代，当华西村已经开始富裕起来时，吴仁宝就教育自己的干部和村民时刻不要忘记把幸福的阳光与温暖播撒到周边的左邻右舍，而这也是他在近十年间忠实履行"执政为民"和追求"共同富裕"的一种新境界、新视野的实践过程。

△ 鸟瞰华西村

吴蕴芳，现今的大华西村民，以前她是紧挨华西的前进村村民。她说："我们村上的人有句流行语，叫作'儿好女好，不如华西好'。前进村在 50 年代时与华西村同属一个大队，那时吴仁宝也是我们的书记，后来行政分家，我们就成为独立的前进村。可前进村不'前进'，1988 年时华西已成'亿元村'了，我们村却到年底连村干部的工资都发不出来，还倒欠村民 6 万元。记得那天外面下着雨雪，刮着寒风，我们村上的干部愁得在村委办公室里不知如何是好。就在这时，华西村的吴仁宝书记来了，他带着10万元现金对我们说：先把欠村民的债还了，再把年过了。当时我们前进村的干部们真的热泪盈眶，不知说什么是好。更让我们感到意想不到的是，老书记吴仁宝当场拍板，说要帮我们建厂。'我们华西出500万元投资款，赔了是我们华西的，赚了是你们前进村的！怎么样？干不干？'老书记拍着我们村的支书这样说。这么好的事不等于天上掉馅饼嘛！再不干、再不好好干，我们还有什么脸面挨着华西村？就这样，我们前进村在吴仁宝老书记和华西村的无私支持下，化工厂于翌年元月正式投产，当年就净赚50多万元，三四年后利税已能达到四五百万元，也开始渐渐走向富裕……"

与前进村情况相近，华明、三余巷村也在那些年里，得到吴仁宝和华西村的全力支持，开始在较短时间内摆脱贫困，日子一天比一天好。

"老书记吴仁宝对我们周边村的帮助是无私的。那年他主动找我商量说要帮我们村办一个珐琅厂和一个化工厂。工厂建起后，我们村的农民收入一下得到改善，大家喜洋洋的。可天有不测风云，1994年5月份，一场火灾把我们村的'摇钱树'——化工厂全烧了。就在我们全村痛苦不堪的时候，吴仁宝老书记带来280多万元重建资金说要在原址上再帮我们建起一个规模更大的化工厂。当时我们村的村民和干部全都掉下了眼泪，大伙儿说：啥叫社会主义好？啥叫共产党好？

华西人的风格和吴仁宝书记的为人，让我们一下全明白了！"原三余巷村支部书记孙大龙感触万分地说。

然而，让前进、华明和三余巷、泾浜等周边村发生根本变化的，还是 2001 年在吴仁宝创造性地提出"一分五统"的大华西概念之后。

何谓"一分五统"？"一分五统"是吴仁宝在探索建设有中国特色社会主义新农村实践中的一大发明，它曾被中央领导和学界称为"吴仁宝新模式"。提出这一构建模式的初始，是吴仁宝在期望以"富华西带周边穷兄弟"时碰到的。

1988 年，华西主动伸手出资为周边几个村办厂帮扶，虽然也使这些村的生活得以改善，但由于日趋激烈的市场竞争，周边几个村的好日子并没有节节上升，有的甚至在下滑。这让吴仁宝对帮扶问题有了重新思考：过去总讲"船小好调头"，其实在全球化经济越来越形成的市场条件下，只有"大船才好抗风浪"。华西村之所以能够乘风破浪、效益越来越好，正是因为它的企业集团有着较强的竞争能力。于是一个打破中国五十余年农村行政格局的大胆设想在他脑海里形成，随即吴仁宝把自己的想法专门以书面报告的形式向上级部门做了汇报。

"好啊！吴仁宝同志的设想和思考符合邓小平的理论，也体现了'三个代表'重要思想中代表最广大人民群众的根本利益这一点嘛！我们认为这'一分五统'行！有创新，也有可操作性！这也说明吴仁宝一生追求的共同富裕理想，已经开始从华西走向社会，我们全力支持！"上级部门的态度，给了吴仁宝极大鼓舞。

"亲望亲好，邻望邻好。这些年大家都看到了，华西村的日子一天比一天好，村民们吃的、用的、穿的，还有银行里存的，都比别的村好一大截！可我要说的是，华西村富了，我吴仁宝高兴。可如果你们——你们这些乡里乡亲的邻居们都好了，我吴仁宝就更高兴啦！现在，我想问问大家：你们愿不愿意跟着华西一起上路，一起走华西特色的社会主义金光大道？"那是一个阳光明媚、春风和煦的日子，吴仁宝来到华明、泾浜、三余巷和前进村的村头田间，他一边挽着裤腿帮人家干活，一边这样问大伙儿。

"愿意！我们做梦都想做华西人哪！"邻村众村民们你一言我一语，围着吴仁宝久久不愿离开。

"好，过些日子，你们都将是华西人了！让我们一起共同富裕奔小康、迎中康吧！"吴仁宝那天也很激动。当下他请来华明、泾浜、前进和三余巷四村的干部，然后又将自己的"一分五统"设想广泛征求意见。

"一分，就是村与企业分开，我们与华西

全拼后的原村委会还是由本村村民自治、选举；五统，即联合起来的五个村统一由华西集团实行经济上的统一管理、干部使用上的统一、人员使用统一，村民的福利也统一,五个村的村建也统一规划是不是？"邻村干部问吴仁宝。

吴仁宝笑："是这意思。你领会得蛮快。"

"华西效益与我们天壤之别，这一统你们不是亏大了？"

"华西村这几十年发展的是集体经济，走的是共同富裕。你们加入大华西后，就是华西的人了。华西人不讲谁亏谁赚，只讲贡献和能力。再说，华西还要向前大发展，你们加入进来后，在人力和自然资源上也给华西发展提供了空间和前景，我们彼此谁都不吃亏嘛！"

"好，就这么说定了! 我们心甘情愿当华西人！"

"我们也愿意！"

"愿意——"

啊，当华西人，这对周边的农民来说，是一种梦想! 农民们最讲求实惠，现在吴仁宝把已经闻得到香味的"肥肉"送来了，谁还不愿意? 不愿意的是傻子，种地人才不是傻子呢!

吴仁宝推出的"一分五统"，第一年就吸引了华明、泾浜、前进和三余巷四个村。第二年，西巷、北缪家、水池巷、陈塘、朱蒋巷等村又几乎以百姓百分之百的签字率(吴仁宝要求，凡想加入大华西的周边村子，村干部必须征求村民的意愿签字) 请求"并入华西"。

华西在"一分五统"的引领下，短短几年时间里，一下"扩容"到了今天方圆30多平方公里的面积，下辖16个村级单位，人口也增至30000多人……当我们今天走进到处欣欣向荣、和和美美的大华西，你所能看到的那些有条有序的"工业区"、"生活区"、"休闲娱乐区"、"生态农业区"、"旅游风景区"等规模和气势都十分壮观与美丽的现代化景象时，仿佛有种置身于一个别样的都市之中，而这在"一分五统"之前的华西村是不易做到的。

在请吴仁宝描绘"一分五统"后大华西前景时，老人举目窗外，然后深情地告诉我："到我80岁时，所有大华西的村民都要搬进别墅、新房，让他们人人都能享受到中康的幸福生活……"

中康是什么概念？中康应是人均收入在6000美元以上的水平吧！事实上我知道华西村在2004年，就已经超过了这个水平。但在吴仁宝的心目中，中康何止是一个人均收入6000美元的概念，它还包括物质生活的质量、精神生活的质量以及对未来的信心等等。

吴仁宝对我说，在他的内心世界里还有一个更大的心愿：华西村民们的生活越接近中康、

物质精神两手抓

大康，他越想为那些远在千里之外的中国穷困地区的农民兄弟实现脱贫和奔小康助把力……一个多么崇高的老共产党人的胸怀！

"吴仁宝，国之宝。"有位中央领导这样评价他。

在过去的一二十年间，华西村在吴仁宝的倡导下，始终信守"一村富了不算富，全国富了才是富"的理念，尽其所能地为"边少穷"地区帮困扶贫，功绩卓著。而在这其中，吴仁宝更是老骥伏枥，一马当先。

早在 1991 年，吴仁宝与陕西省领导签订扶贫合作协议后，他就亲自带领本村的骨干专程到千里之外的黄土高原——陕西汉中的高潮村考察落实扶贫与建厂事宜，并且从那时开始，每在外省建一个"华西村"，吴仁宝都要亲自前往考察落实具体项目，有的地方还要一年去几次。那一年，华西村的帮扶技术考察队在前往山西途中，车子发生意外事故，年已 67 岁的吴仁宝不顾流血伤痛，坚持要到目的地，当他带伤下车到大寨看望帮扶项目时，大寨的郭凤莲握着老人的手感动得热泪纷飞："华西有您这样的老书记是福气，我们大寨有您这样的好亲人感到光荣啊！"

1994 年，国务院做出了力争用七年时间，解决中国农村 8000 万贫困人口的温饱问题的"八七扶贫攻坚计划"。已经走向西部扶贫征程的吴仁宝在返程途中，专门上北京向国务院扶贫办的领导表示：华西村愿意投巨资，为经济欠发达地区培训干部，采取一带十、百带千的方式，并且在 2000 年前帮助西部地区 10 万人脱贫、1 万人奔小康!

"了不起! 华西了不起! 吴仁宝了不起! "国务院扶贫办的领导在敬佩吴仁宝的同时, 又称他的培训和扶贫构思是"中国扶贫工程中的伟大创举"。

从那一年开始, 华西村在吴仁宝的主持下, 每年接纳来自全国各地的干部培训任务, 多则一次几百人, 少则几十人, 时间有的两三个月, 也有一两年的。所有到这里培训的干部全部由华西提供生活和学习的全套优质的免费服务。吴仁宝不仅担任培训的领导小组组长, 而且每期必亲自要上几堂课。来自穷困地区的学员, 在华西和吴仁宝那里, 既学到了小康的致富经验, 也深深地被吴仁宝这位基层老书记那份对百姓、对集体、对国家和对党的浓厚感情所感染。而吴仁宝则说:"我是从旧社会过来的人, 知道穷苦地方的老百姓最关心两件事: 能不能吃饱穿暖, 能不能让孩子上学。可每当我到西部那些穷地方走一走时, 心里就特别的沉重, 就特别想帮他们一把。我们是社会主义国家, 华西今天能够富甲天下, 靠的就是社会主义, 所以我们华西帮一把穷兄弟也是自己坚定走共同富裕的信仰的一种体现、一份感情。"

十多年来, 在吴仁宝的倾心努力下, 华西在外域建立的"华西村"已经不下十个, 帮助西部 10 万人脱贫和 1 万人奔小康的目标也早已实现。然而吴仁宝和华西人帮扶的脚步从未停止, 一个个具有"吴仁宝模式"的"华西村"在宁夏、黑龙江、江西等地遍地开花, 而吴仁宝在帮助这些兄弟省区建设"华西村"时，掏的不仅是钱口袋，更多的是他建设中国特色社会主义的观念和意识。他甚至在每一个关键时刻除了自己亲自蹲点扶植外，总要派出华西村最好的技术骨干和管理能手到那些地方扎根，而这些骨干和能手中必有他的亲生儿子在内。1995年，村党委决定为黑龙江肇东的一个山村建"东北华西村"，那儿条件十分艰苦，社情也复杂。吴仁宝挑了自己最心疼、也是最小的儿子"老四"，临别时他对"老四"说：你上那儿一定要像孝敬我和你母亲一样孝敬那儿的百姓，也一定要像建设华西一样建设好"东北华西村"。"老四"不负父望，带领当地村民，苦干一个秋冬春夏，既平地，又办厂，一年就使这个原来人均收入不足千元的贫困小村庄，一跃成为人均收入4000元的当地富裕村。

"我还是那句老话：社会主义是什么？就是让百姓过上好日子。今天我们的共产党要干什么？就是要让没有过上好日子的人民尽快过上好日子，让已经过上好日子的百姓，更加幸福富裕、健康长寿……"50余年党龄、78岁年龄的吴仁宝，今天依然声音响亮、步子匆匆、干劲不减，他把华西的大权交给继任后，说自己现在的任务是：争取活到100岁，再为党和人民做点事。

我们祝愿这位老人永葆革命青春，也祝愿他亲手举起的华西旗帜永远地高高飘扬……

后 记

吴仁宝——永远说不完精彩的传奇人物

一个伟大的时代，总会涌现出许多了不起的人物。作为这个时代的笔录者，我常为那些创造伟大时代的精英们感动。本文的主人公在我少年时代就在我心中留下烙印。然而我不曾想到的是，几十年过去了，他竟然在不断创造着奇迹，成为中国社会形态中最耀眼的那片天地。我在有限的时间内用有限的笔墨，对本文主人公进行了一次这样的速描，意在让人们了解什么是真正的共产党人，什么是真正的社会主义。亲爱的人们，你读完此文，一定会与我一样找到答案，感受激动……

关于吴仁宝和华西村的传说，其实非几万字能够写得完的。关于华西村，我用一串数字来做个最直接和最简单的对比：30年前，华西村的人均收入为1060元，现在人均收入为88000元，超过1万美元；30年前华西村的总资产为614万元，现在为352.7064亿元，增长率为573443%。这对数据说明了什么？说明了中国乃至世界几乎难有一个地方和一个国家能有如此高速的发展和幸福指数。假如你再有机会亲自到华西村看一看农民们住的房屋和生活环境，听一听他们自报的存款有多少后，你的惊叹和震撼就不再是简单的这些数据了！

为了不想影响我的直观，我决定这部《吴仁宝》仍然用我8年前写的作品作为他的正传来介绍给广大读者，因为我知道，关于吴仁宝的事迹和人生经验，只有等到他的生命画上句号后，我们才可能真正实现他的"传记"的全部内容——即使那个时候，我想仍然我们无法了解清楚他的全部，因为只有他自己内心的所思所想和华西村民们所知道的才是他吴仁宝的全部……

任何一部国家史和个人史，总是残缺的。也许正是这种残缺才使得更多人去对想了解的对象怀有更大兴趣，对吴仁宝这样的人物，同样如此——只要你感兴趣，他是个永远说不完精彩的传奇人物……

100位

新中国成立以来感动中国人物

丁晓兵　马万水　马永顺　马恒昌　马海德　中国女排五连冠群体

孔祥瑞　孔繁森　文花枝　方永刚　方红霄　毛岸英

王　杰　王　选　王　瑛　王乐义　王有德　王启民

王进喜　王顺友　邓平寿　邓建军　邓稼先　丛　飞

包起帆　史光柱　史来贺　叶　欣　甘远志　申纪兰

白芳礼　任长霞　刘文学　刘英俊　华罗庚　向秀丽

廷·巴特尔　许振超　达吾提·阿西木　邢燕子　吴大观

吴仁宝　吴天祥　吴金印　吴登云　宋鱼水　张　华

张云泉　张秉贵　张海迪　时传祥　李四光　李春燕

李桂林和陆建芬夫妇　李素芝　李梦桃　李登海　杨利伟

杨怀远　杨根思　苏　宁　谷文昌　邰丽华　邱少云

邱光华　邱娥国　陈景润　麦贤得　孟　泰　孟二冬

林　浩　林巧稚　林秀贞　欧阳海　罗映珍　罗健夫

罗盛教　草原英雄小姐妹　赵梦桃　钟南山　唐山十三农民

容国团　徐　虎　秦文贵　袁隆平　钱学森　常香玉

黄继光　彭加木　焦裕禄　蒋筑英　谢延信　韩素云

窦铁成　赖　宁　雷　锋　谭　彦　谭千秋　谭竹青

樊锦诗

图书在版编目（CIP）数据

吴仁宝 / 何建明著. -- 长春 : 吉林文史出版社,
2012.12（2022.4重印）
（100位新中国成立以来感动中国人物）
ISBN 978-7-5472-1390-2

Ⅰ. ①吴… Ⅱ. ①何… Ⅲ. ①吴仁宝－生平事迹－青
年读物②吴仁宝－生平事迹－少年读物 Ⅳ.
①K828.1-49

中国版本图书馆CIP数据核字（2013）第001744号

吴仁宝

WURENBAO

著/ 何建明

选题策划/ 王尔立　责任编辑/ 王尔立 李洁华 任玉茗 王丽媛

装帧设计/韩璘

出版发行/ 吉林文史出版社

地址/ 长春市福祉大路5788号　邮编/ 130118

电话/ 0431-81629363　传真/ 0431-86037589

印刷/天津海德伟业印务有限公司

版次/ 2012年12月第1版 2022年4月第4次印刷

开本/ 640mm×920mm　1/16

印张/ 9　字数/ 100千

书号/ ISBN 978-7-5472-1390-2

定价/ 29.80元